ПОЛИТИЧЕСКИЙ
БЕСТСЕЛЛЕР

Евгений ЧАЗОВ

ПОЛИТИЧЕСКИЙ БЕСТСЕЛЛЕР

КАК УХОДИЛИ ВОЖДИ
ЗАПИСКИ ГЛАВНОГО ВРАЧА КРЕМЛЯ

МОСКВА

ЭКСМО

«АЛГОРИТМ»

2012

УДК 82-94
ББК 63.3 (2)
Ч-14

Чазов Е. И.

Ч-14   Как уходили вожди : Записки главного врача Кремля / Евгений Чазов. – М. : Алгоритм : Эксмо, 2012. – 240 с. – (Политический бестселлер).

ISBN 978-5-699-54347-2

Евгений Иванович Чазов в течение двадцати лет (с 1967 по 1986 г.) возглавлял 4-е Главное управление при Минздраве СССР, которое обслуживало высших руководителей Советского Союза. Именно в это время состоялся так называемый «хоровод смертей», когда один за другим умерли три Генеральных секретаря ЦК КПСС (Брежнев, Андропов, Черненко), несколько членов Политбюро ЦК КПСС (Гречко, Кулаков, Суслов, Пельше, Устинов), ряд секретарей обкомов и крайкомов партии. Если некоторые из этих смертей можно объяснить преклонным возрастом умерших, то другие загадочны и вызывают множество вопросов.

Е. И. Чазов по долгу службы обязан был знать все о состоянии здоровья и причинах смерти своих подопечных; в своей книге он рассказывает, как уходили из жизни советские вожди, а также делится воспоминаниями об обстановке, которая сложилась тогда в высших эшелонах власти.

УДК 82-94
ББК 63.3(2)

ISBN 978-5-699-54347-2

ПРЕДИСЛОВИЕ

Мне не хочется претендовать на обладание бесспорной истиной; может быть, что-то я видел не так, как другие свидетели событий. Но описать объективно то, что я знал, уверен — мой долг перед будущими поколениями.

«Кто вы?» — нередко спрашивали меня западные журналисты. Кем только меня не представляли! В журнале «Ридерс дайджест» утверждалась, например, такая нелепость, что я являюсь одним из высших чинов КГБ. В 1984 году, во время моего пребывания в Соединенных Штатах Америки, люди из Голливуда предлагали снять фильм, где я должен был выступать в качестве близкого Брежневу человека, который, вопреки его воле, стал одним из самых выдающихся борцов за мир.

Всех превзошли Е. Тополь и Ф. Незнанский в развлекательном, но очень глупом бестселлере «Красная площадь», изданном в Нью-Йорке в 1984 году. В нем профессор Е. Чазов является чуть ли не полномочным представителем Брежнева в расследовании причин смерти заместителя председателя КГБ С. Цвигуна, которая, по их мнению, последовала не в результате самоубийства, а явилась следствием заговора. Моя жена с юмором сказала мне: «Знаешь, подав в суд на авторов за нанесение морального ущерба, ты, несомненно, выиграл бы процесс. Во-первых, у тебя густая шевелюра, а не лысина, как они пишут, во-вторых, ты, как истинный врач, не куришь, а в-третьих, не пьешь коньяк из стаканов, да еще на работе».

Кто я? Врач, ученый, работы которого известны всему миру, общественный деятель, оказавшийся в гуще политических событий, брошенный в этот омут судьбой или Божьей волей. Можно по-разному интерпретировать, кем брошен, в зависимости от взглядов читателя — атеиста или верующего.

Вращаясь 23 года в гуще политических страстей, зная о необычных и непредсказуемых судьбах видных политических деятелей, мне иногда хотелось узнать, почему же тогда, в конце 1966 года, выбор Л. И. Брежнева пал на меня, причем при моем категорическом возражении? У меня не было ни «ответственных» родителей, ни связей, ни блата. Да и политически я был индифферентен, отдаваясь весь своей любимой науке и врачебному делу. Жизнь только начинала мне улыбаться.

Перебрав возможные кандидатуры на должность директора Института терапии, где я работал заместителем директора, и получив от всех отказ, Президиум Академии медицинских наук был вынужден не только назначить меня директором института, но и рекомендовать меня в члены-корреспонденты Академии. Мои работы по лечению больных инфарктом миокарда, новые подходы к лечению тромбозов были известны к этому времени во многих странах мира. Известный американский кардиолог Пол Уайт, с которым мы подружились, предрекал большое будущее моим работам.

И вдруг, как ураганом, были сметены за несколько дней все мои планы, мечты. На Всесоюзном съезде кардиологов в конце декабря 1966 года мне пришлось сидеть в президиуме вместе с бывшим тогда министром здравоохранения Б. В. Петровским. Я не придал значения его расспросам о жизни, интересах, знакомствах, о врачебной деятельности. На следующий день он позвонил мне и попросил зайти поговорить. Это тоже не вызвало у меня беспокойства, так как во время встречи на съезде я посвятил его в планы создания в стране кардиологической службы для лечения больных с заболеваниями сердца. Каково же было мое удивление, когда он, не успев даже поздороваться, предложил мне возглавить 4-е Главное управление при Министерстве здравоохранения СССР, называвшееся в народе Кремлевской больницей. Мне, по понятиям, принятым в нашей стране, 37-летнему «мальчишке». В первый момент я настолько растерялся, что не знал, что и сказать. Однако воспоминания о Кремлевской больнице, где мне пришлось работать врачом в 1956—1957 годах, воспоминания о привередливом и избалованном «контингенте» прикрепленных, постоянный контроль за каждым шагом в работе и жизни со стороны КГБ вызвали у меня категорическое неприятие предложения. Вспомнилось и другое: насколько известно, предлагались многие кандидатуры на эту должность — заместитель министра А. Ф. Серенко, профессор Ю. Ф. Исаков и другие. А кресло начальника уже 7 месяцев вакантно, и прочат в него тогдашнего заместителя начальника 4-го Главного управления Ю. Н. Антонова. Пусть бы и шел, чем кого-то срывать с любимой работы. Но если 7 месяцев не берут, значит, не хотят или есть какие-то другие причины.

Мои доводы Петровский не воспринимал. Не подействовал даже такой по тем временам, как казалось мне, убедительный довод, что я разведен. Моя первая жена, известный реаниматолог, работала в это время в институте у Б. В. Петровского. Выслушав все мои аргументы, министр сказал, что все это хорошо, но завтра я должен быть в ЦК КПСС у товарищей В.А. Балтийского и С.П. Трапезникова, а сразу после Нового года со мной хотел бы встретиться Л. И. Брежнев.

После такого сообщения стало ясно, что я уже «проданная невеста» и мое сопротивление напрасно. Кстати, когда я был на следующий день у В. А. Балтийского и со свойственной мне прямотой начал отказываться, всегда вежливый, но хитрый, напоминавший мне лису на охоте, заведующий сектором здравоохранения ЦК намекнул, что категорический отказ может повлиять на избрание меня членом-корреспондентом. Эти дни, совпавшие с началом Нового, 1967 года, были сплошной фантасмагорией. Первое, что меня поразило, — масса поздравлений с Новым годом, которые я получил. Никто, по моему мнению, кроме ограниченного круга людей, не мог знать о предложении и предстоящем разговоре с Л. И. Брежневым. Тем более этот «круг» предупредил меня о молчании. Я не был столь наивен, чтобы думать, что поздравляют ординарного молодого профессора. Многие поздравления к тому же были от незнакомых мне лиц.

Да простятся человеческие слабости, проявления которых я не раз ощущал на себе в зависимости от положения и ситуации. Я помню не только эту удивительную массу телеграмм, направленных еще не назначенному руководителю 4-го Главного управления. Я помню и тот вакуум, который стал образовываться вокруг меня после смерти Л. И. Брежнева и после того, как, понимая всю бесперспективность борьбы за обновление советского здравоохранения, я подал в отставку с поста министра.

* * *

В первый же день 1967 года рано утром я отправился на Старую площадь, в подъезд № 1. Переступая порог этого здания, которое в то время олицетворяло власть, могущество, где определялись судьбы миллионов и куда входили с почтением и дрожью, мне и в голову не приходило, что этот подъезд станет для меня обычным входом в обычное учреждение, где придется решать обыденные рабочие вопросы.

В этот день меня передавали по цепочке — Б. В. Петровский В. А. Балтийскому, В. А. Балтийский заведующему отделом науки ЦК КПСС С. П. Трапезникову. Наконец, около 10 утра нас (меня, Б. В. Петровского и С.П. Трапезникова) пригласили в кабинет Л. И. Брежнева. Здороваясь с ним, я не предполагал, что на 15 лет свяжу свою жизнь с этим человеком. В тот момент мне Брежнев понравился — статный, подтянутый мужчина с военной выправкой, приятная улыбка, располагающая к откровенности манера вести беседу, юмор, плавная речь (он тогда еще не шепелявил). Когда Брежнев хотел, он мог расположить к себе любого собеседника. Говорил он с достоинством, доброжелательством, знанием дела.

Какая жизнь, какая судьба! Разве мог я предполагать тогда, что на моих глазах произойдет перерождение человека и невозможно будет узнать в дряхлом, разваливающемся старике былого статного красавца. Разве это нельзя было предотвратить? Можно. Но часто губят не болезни, а пороки.

Разговор продолжался около двух часов. Брежнев вспоминал, как перенес во время работы в Кишиневе тяжелый инфаркт миокарда, как в 1957 году, накануне Пленума ЦК КПСС, на котором были разгромлены Маленков, Молотов и Каганович, он попал в больницу с микроинфарктом и все же пошел на пленум спасать Н. С. Хрущева. Причем, когда он вышел на трибуну, бывшая тогда министром здравоохранения М. Ковригина встала и заявила, что Л. И. Брежнев серьезно болен и ему надо запретить выступать. (Кстати, это стоило ей в дальнейшем, после снятия Маленкова и Молотова, кресла министра.) И как бы в ответ на этот выпад Брежнев ответил, что большевики за свои принципы борются до конца, даже если это ставит под угрозу их жизнь. Во время разговора он много шутил, вспоминал смешные истории. Создавалось впечатление, что он хочет понравиться.

Он не спрашивал меня о моих политических симпатиях или убеждениях, о моем отношении к Политбюро, к активно проводимой в то время перестройке систем, созданных Н. С. Хрущевым. В разговоре было больше медицинских и житейских проблем. Вспоминали старую «Кремлевку», где он лечился и где я работал в 1957 году. Брежнев резко высказывался в отношении состояния работы этого Управления. «Вы тот человек, с новыми мыслями, который нам нужен. Надо создать показательную систему, привлечь лучшие силы, взять на вооружение все лучшее, что есть в мировой медицине. Н. С. Хрущев роздал все, разрушил то, что создавалось в медицинской службе Кремля, работал на публику. А что это дало? Ну отдали два-три санатория, теперь они почти не функционируют. А что, народ стал от этого лучше жить?»

Действительно, мне пришлось побывать в тех санаториях, которые были переданы Хрущевым профсоюзам, другим организациям. Никогда не забуду, как в 1968 году нам необходимо было разместить в Цхалтубо президента Г. Насера, который приезжал туда на лечение. Вспомнили, что в Цхалтубо есть дача, построенная для Сталина. Вместе с тогдашним руководством Грузии мы выехали на эту дачу, которая в то время функционировала как дом отдыха МВД республики. Я уж не говорю о грязи, запущенности, царивших в этом прекрасном здании. Первое, что меня поразило, когда я вошел, это вбитый между двумя мраморными досками камина большой гвоздь, на котором висела милицейская фуражка. Здание было в таком состоянии, что мы не смогли за короткое время привести его в порядок, и Насера разместили в другом помещении.

К сожалению, в нашей стране существует принцип — если разрушать, то разрушать до конца. К сожалению, и сейчас существует такая тенденция: разрушать то, что было создано предыдущим поколением, если в чем-то это поколение или его политика, стиль жизни не устраивают тех, кто пришел ему на смену.

Выслушав в заключение мои категорические возражения, Л. И. Брежнев сказал: «Вот если бы вы сразу согласились и сказали — Леонид Ильич, партия сказала «надо» — значит, «есть!», я бы еще подумал, назначить вас начальником Управления или нет. А если отказываетесь, то это значит, что лучше вас никого не найдешь». И, оборачиваясь к вошедшему начальнику охраны А. Рябенко, добавил с юмором: «Саша, Евгений Иванович не хочет идти работать в 4-е управление, так ты найди в охране здания милиционера не ниже полковника и отправь с ним его в Управление. Пусть начинает работать».

И я (конечно, без милиционера) поехал в 4-е Главное управление. То, что мое назначение оформлялось в спешном порядке и было полной неожиданностью, в частности, для коллектива этого Управления, мне стало ясно из курьезной ситуации, которая возникла, когда с приказом о моем назначении я приехал в комендатуру на улице Грановского. Когда я себя назвал, на лицах охраны было написано такое нескрываемое удивление и растерянность, что это вызвало у меня улыбку. Мне смущенно сказали, что пропустить меня не имеют права, так как пропуска нет. Начальник охраны куда-то долго звонил, с кем-то разговаривал. Наконец, получив, видимо, указания, он выбежал с извинениями из своего кабинета и проводил меня в основное здание.

* * *

Не скоро я, наивный врач и ученый, понял, что оказался «пешкой» в той политической борьбе за власть, которая развернулась в то время между группой Л. И. Брежнева и группой А. Н. Шелепина. Политическая борьба за власть, часто незаметная для широких кругов, знаменует все 70 с лишним лет истории советского государства: Ленин и Троцкий, Троцкий и Сталин, группа Хрущева и группа Маленков — Молотов — Каганович и другие, Хрущев и коалиция Брежнев — Шелепин — Подгорный — Косыгин и другие.

Мне пришлось близко познакомиться почти со всей группой, сместившей в 1964 году Н. С. Хрущева. Меня удивляло, как могли объединиться в непростой и до определенного момента тайной политической борьбе такие непохожие по своим характерам, взглядам, принципам, да и просто по человеческим качествам Н. В. Подгорный и А. Н. Косыгин, М. А. Суслов и А. Н. Шелепин, К. Т. Мазуров и Д. С. Полянский. Но вскоре я понял: помимо того, что подавляющее большинство из них понимало, что политика, которую начал осуществлять Н. С. Хрущев в последние годы, может привести к непредсказуемым последствиям в жизни страны, у каждого из группы были свои личные причины добиваться его отставки.

Наиболее активными и наиболее известными в тот период в партии, которая практически определяла жизнь страны и общества, были Л. И. Брежнев и А. Н. Шелепин. Оба были из относительно молодого и нового поколения руководителей, если сравнивать их с М. А. Сусловым и А. Н. Косыгиным, оба прошли школу политической борьбы и политических интриг, оба занимали видные посты в партии, и оба пользовались определенной популярностью в народе. В этом отношении Л. И. Брежнев проигрывал А. Н. Шелепину, которого считали более радикальным. Имело значение и то, что многие знали о тесной дружбе Л. И. Брежнева и Н. С. Хрущева, который всегда поддерживал Брежнева. В свою очередь, Брежнев до поры до времени составлял опору Хрущева, объединял силы в его поддержку, как это было в период разгрома группы Маленкова, Молотова, Кагановича и других в 1957 году. К началу 1967 года сложилась непростая расстановка сил в руководстве партии.

Мне бывает грустно и смешно, когда я знакомлюсь с характеристиками, которые падкая на «моду» свободная демократическая печать дает руководителям периода «застоя».

(Никто не определил, с какого времени надо вести его отсчет.) Это касается, в частности, и характеристик, даваемых Л. И. Брежневу.

Никто из современных публицистов и политологов всерьез не задастся вопросом, почему партия выбрала в 1964 году Брежнева и подтвердила свой выбор на XXIII съезде в 1966 году, избрав его Генеральным секретарем. Почему именно он, а не Шелепин, имевший в своих руках большие рычаги влияния на партию, или не Косыгин, которого любили в народе, которого я, например, как и многие, считал и считаю умнейшим человеком и талантливым организатором, которому и до сих пор нет равных? А ведь, может быть, пошла бы по совсем другому пути история нашей страны, история партии, если бы в 1966 году встал во главе не Л. И. Брежнев, а кто-то из этих двоих? Но из истории, как и из песни, слова не выбросишь.

Но почему все-таки Брежнев? Чем подкупил он в своей борьбе за власть? Да тем, что как политик, как знаток политической борьбы он был выше всех. Он был достойным учеником своего учителя Н. С. Хрущева. Он прекрасно знал человеческую натуру и человеческие слабости. Что значило для секретаря обкома или секретаря крупного горкома, которые в то время определяли жизнь партии на местах, когда первый секретарь ЦК КПСС звонит, иногда поздно вечером, иногда и во время своего отпуска, и интересуется делами партийной организации, спрашивает: как виды на урожай, что с промышленностью, что нового в области, ну, и, конечно, как ты себя чувствуешь и чем тебе, дорогой, помочь? Этим ли путем или просто постепенной, незаметной на первый взгляд заменой старых секретарей на более молодых и лояльных, но он обеспечил себе к XXIII съезду партии поддержку подавляющего большинства партийной элиты.

Он прекрасно понимал, что этого недостаточно, необходимо завоевать популярность в народе. И надо сказать, что он это делал не популистскими лозунгами, которыми пестрит наше время, а конкретными решениями, понятными и осязаемыми простыми людьми. Несомненно, что все это обсуждалось и предлагалось на Политбюро, в правительстве теми же

А. Н. Косыгиным, К. Т. Мазуровым, А. Н. Шелепиным и другими. Но ведь выступал-то перед народом Л. И. Брежнев.

Многие сегодня забыли, а в тот период на простых советских граждан произвело большое впечатление решение о пятидневной рабочей неделе. А возьмите другие решения — установление пенсионного возраста для женщин с 55-ти, а для мужчин с 60 лет, оплата труда и пенсии колхозникам, повышение заработной платы и снижение цен на ткани, детские изделия, часы, велосипеды, фотоаппараты и т. д. Разве это не прибавляло авторитета руководству, и в первую очередь Брежневу? И хотя не хватало мяса, ряда продовольственных товаров, эти конкретные шаги, несомненно, прибавили ему популярности.

Тонкий политик, Брежнев понимал, что жизнь сложна, трудности еще впереди, некоторые решения поспешны, и поэтому необходимо так утвердить себя в партии, в руководстве страной, чтобы завоеванные позиции были прочны и чтобы рядом не было конкурентов или молодых радикалов, которые в один прекрасный день, воспользовавшись появившимися трудностями, сместят его с поста, как это они сделали с Н. С. Хрущевым. Ему это удалось блестяще выполнить и оставаться лидером страны 18 лет, причем фактически не работая последние 6 лет.

***

Буквально через две недели после назначения меня пригласили к Брежневу, у которого в связи с простудой был острый катар дыхательных путей. (Тогда у него не было еще большой шикарной дачи в Заречье и жил он в относительно скромной квартире на Кутузовском проспекте.) После того как вместе с лечащим доктором Н. Родионовым мы его осмотрели и рекомендовали лечение, он пригласил нас попить вместе чаю. Разговор за чашкой чая зашел о хоккее, который Брежнев очень любил, о погоде, о предстоящей эпидемии гриппа. Неожиданно он меня спросил: «А как Антонов, все еще работает?» Я даже растерялся от такого вопроса, ибо до этого не думал, что Генеральный секретарь может интересоваться фигурой заместителя начальника 4-го управления. «Уж он-то хотел, чтобы не ты стал начальником Управления. Семь месяцев ждал этого места», — продолжал Брежнев. На этом разговор закончился. Я не знал, как его понять. Что это? Просто констатация факта или намек на то, что Антонов неугоден Брежневу и его окружению? Точки над «i» расставил Б. В. Петровский, который посвятил меня в тонкости создавшейся ситуации.

Оказывается, так же, как Г. Т. Григорян претендовал на место управляющего ЦК, так и Ю. Г. Антонов претендовал на место начальника 4-го управления. Вот тогда я понял, что моя кандидатура была противопоставлена кандидатуре Антонова, который был связан с Шелепиным. Брежнев не хотел, чтобы во главе 4-го управления стоял человек Шелепина. 4-е управление — очень важный участок: здесь хранятся самые сокровенные тайны руководства страны и его окружения — состояние их здоровья, прогноз на будущее, которые при определенных условиях могут стать оружием в борьбе за власть. Я понимал, что только стечение обстоятельств заставило назначить на эту должность меня. И опять надо оценить правильный и тонкий ход Брежнева: рядом лучше иметь нейтрального, малоизвестного человека, ученого и врача, лишенного политических симпатий и амбиций.

Уверен, если бы была подходящая кандидатура из его окружения, то я бы спокойно продолжал свою научную деятельность. Но подпирало время. Семь месяцев стоял во главе такого управления исполняющий обязанности, и дальше сохранять такое положение было просто неудобно. Единственный человек, активно поддержавший Брежнева в его решении, был Ю. В. Андропов. Дело в том, что летом 1966 года, за несколько месяцев до моего назначения, мне вместе с академиком Е. В. Тареевым пришлось консультировать Ю. В. Андропова в сложной для него ситуации.

К слову сказать, уровень врачей Управления в тот период был крайне низок. Мой учитель А. Л. Мясников, который терпеть не мог это Управление и не любил там консультировать (может быть, из-за воспоминаний о последних днях Сталина, в лечении которого он участвовал), с ехидцей говаривал: «Там полы паркетные, а врачи анкетные». Он намекал, что при приеме на работу отдавалось предпочтение не квалификации, а показной верности идеалам партии, политической болтовне и демагогии.

Тамошние врачи и консультанты, не разобравшись в характере заболевания, решили, что Андропов страдает тяжелой гипертонической болезнью, осложненной острым инфарктом миокарда, и поставили вопрос о его переходе на инвалидность. Решалась судьба политической карьеры Андропова, а стало быть, и его жизни. Мы с Тареевым, учитывая, что Андропов длительное время страдал от болезни почек, решили, что в данном случае речь идет о повышенной продукции гормона альдостерона (альдостеронизме). Это расстройство тогда было мало известно советским врачам. Исследование этого гормона в то время проводилось только в институте, которым я руководил. Анализ подтвердил наше предположение, а назначенный препарат «альдактон», снижающий содержание этого гормона, не только привел к нормализации артериального давления, но и восстановил электрокардиограмму. Оказалось, что она свидетельствовала не об инфаркте, а лишь указывала на изменение содержания в мышце сердца иона калия. В результате лечения не только улучшилось самочувствие Андропова, но и полностью был снят вопрос об инвалидности, и он вновь вернулся на работу.

В период, когда я начал работать в Управлении, он становился одним из самых близких Брежневу людей в его окружении. Познакомившись с ним через своего старого друга и соратника Д. Ф. Устинова, вместе с которым по поручению Хрущева руководил программами космоса и ракетостроения, Брежнев быстро оценил не только ум Андропова, его эрудицию, умение быстро разбираться в сложной обстановке, но и его честность. Советы Андропова, несомненно, во многом помогали Брежневу завоевывать положение лидера. К сожалению, после 1976 года, когда Брежнев отдал все «на откуп» своему окружению, советы Андропова часто повисали в воздухе.

В 1967 году Брежнев понимал, что для укрепления позиций в борьбе с А. Шелепиным ему необходима поддержка армии, КГБ, МВД и партийного аппарата. За армию он был спокоен, учитывая его связи с генералитетом и то, что во главе Министерства обороны стоял знакомый ему маршал Р. Я. Малиновский. Сложнее было с КГБ, который возглавлял близкий Шелепину Семичастный. Убрать его можно было, предложив фигуру, занимающую высокий ранг в табеле партийной иерархии. Такой фигурой был секретарь ЦК КПСС Ю. В. Андропов. И Брежнев без труда добивается его назначения на важнейший пост Председателя КГБ, во многом определявшего жизнь страны. Во главе МВД страны Брежнев ставит хорошо ему знакомого Н. А. Щелокова, работавшего вторым секретарем ЦК КП Молдавии.

Уезжают за границу в почетную ссылку близкие Шелепину лица: Тикунов — советником посольства в Румынию, Месяцев — в Австралию, Григорян — в ФРГ. Семичастный назначается в Киев заместителем Председателя Совета Министров Украины под присмотр близкого Брежневу В. В. Щербицкого. Чекалова назначают в один из городов Российской Федерации начальником областного управления КГБ. Мой заместитель Антонов, которого долгое время защищали перешедшие из ЦК КПСС противники Брежнева — заместители министра Б. П. Данилов и А. Ф. Серенко, в конце концов перешел на должность начальника подобного управления в правительстве Российской Федерации.

Все первое полугодие 1967 года мне часто приходилось встречаться и с Брежневым, и с Андроповым, и я чувствовал их уверенность в успешном исходе борьбы с Шелепиным, который оказался менее искушенным и искусным в сложных перипетиях борьбы за политическую власть. Ни в Политбюро, ни в ЦК он так и не смог создать необходимого авторитета и большинства. Старики не хотели видеть во главе страны «комсомольца», как они называли Шелепина, памятуя его руководство комсомольской организацией СССР. И хотя я помню то напряжение, которое царило перед Пленумом ЦК КПСС, на котором Шелепина освободили от должности секретаря ЦК, Брежнев без большого труда убрал с политической арены своего возможного конкурента.

***

Вскоре после моего назначения я начал создавать по поручению Брежнева концепцию принципиально новой системы, которая, вобрав все лучшее, что есть в мировой медицинской науке и практике, могла бы обеспечить сохранение здоровья определенной группе населения. Кстати, такие системы разрабатывались и существовали за рубежом, в частности в США, в виде, например, специальных клубов для лиц, располагающих солидным капиталом и положением. Их материалы помогли и мне в формировании новых подходов.

Для оценки возможностей рационального использования Крыма в целях восстановительной терапии и строительства реабилитационных центров мы с группой сотрудников прилетели в Симферополь. Первое, что мы услышали в аэропорту, это постановление о назначении Андропова председателем КГБ. Всем все стало ясно. У одного из членов группы, прилетевших со мной, который был связан с Шелепиным и Семичастным и очень переживал за исход их борьбы, непроизвольно вырвалось: «Все. Теперь уже точно началось время Брежнева». Шла весна 1967 года...

Вероятно, по-разному будут оценивать это время историки. Уверен, что по-разному оценивают его и те, кто жил и работал в тот период. У меня сложилось двойственное его восприятие. С одной стороны, энтузиазм новых строек, порыв молодежи к освоению необжитых районов Сибири и Дальнего Востока. Активно разрабатывались месторождения нефти и газа в Западной Сибири, прокладывались трубопроводы в Европу, которые обеспечивают поступление валюты и в наше время, строились железная дорога через Сибирь и Дальний Восток, автомобильный завод на Каме. Помню большой зал временного общежития в только что начавшем строиться Тольятти, в котором рядом были и заместители министров, и мастера-строители, и проектировщики, и партийные руководители. Люди разного положения, возраста, образования — они в это время представлялись мне единым сплоченным коллективом с одной идеей — быстрее построить завод. К сожалению, этот порыв в стране стал постепенно угасать, по мере того как рушились надежды людей на лучшую жизнь.

С другой стороны, это был период, главным образом после 1976 года, когда начало процветать взяточничество, воровство, когда страна начала скатываться к алкоголизму и бездуховности.

Для меня 20 лет правления Брежнева, Андропова и Черненко вспоминаются как время тяжелой работы, без выходных и отпусков, как время ночных вызовов к пациентам, неожиданных вылетов за границу, когда на сборы есть только один час, и, наоборот, неожиданных вызовов в страну во время зарубежных научных командировок.

А ведь кроме работы в Управлении была еще и научная, и лечебная деятельность, которую я не оставлял ни на один день. Я мечтал о времени, когда не будет ночных вызовов и звонков, когда можно будет распоряжаться не только своим временем, но и самим собой. Сегодня я свободен: читаю лекции то в Москве, то в Нью-Йорке, то в Лондоне. Меня не гложет мысль, что через два часа меня могут отозвать или что кто-то недоволен моим долгим отсутствием в стране.

И все же в этой спокойной академической жизни я иногда с грустью вспоминаю и сложные ситуации, которые могли для меня закончиться печально, и своих товарищей по консилиумам, по совместному лечению больных, с которыми провел не одну бессонную ночь, и врачей бывшего 4-го управления, с которыми пришлось работать и которых сегодня превратили, в определенной степени, в изгоев, но равных которым по квалификации и самоотверженности я не знаю.

Мы — профессионалы и профессионально делали свое дело.

Часть 1

ТРАГЕДИЯ Л. И. БРЕЖНЕВА

Удивительно и непредсказуемо восприятие человеком того или иного политического и общественного явления, отношение к той или иной идее, лозунгу, ну и, конечно, к политическим деятелям. Сегодня те, кто еще недавно восхвалял существующий строй, политических лидеров страны, свергают своих недавних кумиров. Политический капитал пытаются заработать на всем — и все апеллируют к народу, который сегодня уже не может ни в чем разобраться и начинает часто выступать как толпа.

Ты скажешь, читатель, что это нечестно — играть на чувствах и чаяниях народа. Согласен. Но такие времена, такие нравы.

Судьба политических деятелей в нашей стране просто непредсказуема. «То вознесет его высоко, то в бездну бросит без стыда». Что Хрущев! Что Брежнев! Разве мы могли подумать, что будут сносить памятники В. И. Ленину?..

Помню большую пачку писем, которую получил после смерти Л. И. Брежнева, авторы которых (не партийные функционеры, а обычные простые советские граждане!) упрекали нас, медиков, в том, что мы не обеспечили сохранение жизни и здоровья Генерального секретаря. Например, В. Н. Еременко из Москвы требовал, чтобы мы, академики, отчитались: все ли было использовано для спасения «продолжателя дела В.И.Ленина, пламенного патриота Советской Родины, выдающегося революционера и борца за мир, за коммунизм — Леонида Ильича Брежнева»? А Г. Н. Мудряков из Одессы настаивал: «Вы обязаны были освободить Леонида Ильича от губительной работы и стрессов, что не было сделано. Следовательно, вам необходимо по телевидению или в печати высказаться по этому вопросу, так как смерть товарища Л. И. Брежнева переживают не только его близкие, но и передовые люди всего мира».

Шли годы, развернулась «перестройка». Из «выдающегося политического и государственного деятеля» Брежнев превратился в одиозную фигуру, виновную, по сформировавшемуся общественному мнению, во всех бедах и недостатках, которые мы тогда переживали. В мой адрес зазвучали другие, прямо противоположные обвинения. Почему скрывали, что Л. И. Брежнев болен? (Как будто в этом кто-то сомневался.) Почему не настаивали, чтобы его освободили от работы? Так, например, вопрошал корреспондент «Медицинской газеты» Ю. Блиев, строя из себя невинного агнца: «Сегодня не дает мне покоя вопрос: зачем именитому академику, отвечавшему за здоровье «пятирежды Героя», быть членом ЦК? Присягал бы одному лишь профессиональному долгу — может быть, задолго до перестройки и обнародовал бы диагноз — «пациенту противопоказано руководство страной».

С грустной улыбкой я читал эти «откровения» смелого журналиста. Старался вспомнить, задавали ли мне подобные вопросы о здоровье Брежнева при его жизни на многочисленных пресс-конференциях советские журналисты? И что-то не припомнил. За рубежом — да. Ни одна пресс-конференция не обходилась без обсуждения этого вопроса. Но всех устраивал и успокаивал мой ответ. Суть его заключалась в том, что существует клятва Гиппократа, которой придерживается каждый честный врач. В ней говорится, что при жизни пациента он должен сохранять в тайне все, что может тому навредить. Уж кто-кто, а корреспондент «Медицинской газеты» должен был об этом знать.

В этой связи вспоминается юмористическая сцена, которая возникла на одной из моих пресс-конференций в США. Было это в начале 80-х годов, когда в среду респектабельных журналистов-международников ворвались молодые, энергичные, не всегда вежливые представительницы женского пола, считавшие, что интервьюируемые созданы только для одного — отвечать на их вопросы, и более того — в необходимом для них свете. Одна из них одолевала меня вопросами о состоянии здоровья Генерального секретаря и требовала, несмотря на мои вежливые разъяснения, точного ответа — умрет или не умрет в ближайшее время руководитель государства. Когда я стал ссылаться на клятву Гиппократа, она высокомерно заявила: «Это не ответ. Да и какое значение сегодня имеет клятва Гиппократа?» И тогда, потеряв присущую мне сдержанность, я ответил: «Уважаемая мисс! Какие слова вы сказали бы вашему врачу, если бы он на встрече с журналистами, да даже в узком кругу, рассказал о результатах вашего гинекологического обследования?» После короткой паузы замешательства раздались смех и аплодисменты.

И еще — почему думают, что вопрос о состоянии здоровья Генерального секретаря не ставился врачами перед Политбюро ЦК КПСС?

А сколько спекуляций было, да и сейчас существует, вокруг здоровья Л. И. Брежнева и возможной связи его болезни с недостатками в руководстве страной. Если верить воспоминаниям некоторых политических деятелей, «полудокументальным» повестям и детективным историям, то Брежнев перенес, по крайней мере, несколько инфарктов миокарда и не меньшее число нарушений мозгового кровообращения. Близкий к кругам КГБ, Юлиан Семенов в «Тайне Кутузовского проспекта» пишет: «Меня (одного из героев повести) до сих пор ставит в тупик то, что сердце Брежнева само «остановилось». Он же на американском стимуляторе жил... И умер за два дня перед пленумом, когда, говорят, новый председатель КГБ Федорчук, не являясь членом ЦК, должен был войти в Политбюро...»

Не надо, как говорят в народе, наводить тень на плетень, уважаемый Юлиан Семенов, и создавать видимость заговора против Брежнева. По своей должности, да и от Брежнева либо Андропова, я всегда за несколько дней знал о предстоящих Пленумах ЦК. Не предполагалось Пленума с выдвижением Федорчука, так же как никогда у Брежнева не стоял ни отечественный, ни американский стимулятор. В жизни он лишь один раз, будучи первым секретарем ЦК компартии Молдавии, перенес инфаркт миокарда. В 1957 году были небольшие изменения в сердце, но они носили лишь очаговый характер. С тех пор у него не было ни инфаркта, ни инсультов.

* * *

История не терпит пустот и недомолвок. Если они появляются, то вскоре их заполняют домыслы, выгодные для определенных политических целей, предположения или набор не всегда проверенных и односторонне представленных фактов. Вот почему надо наконец ответить на вопрос: что же произошло с Генеральным секретарем ЦК КПСС, когда он из активного, общительного, в определенной степени обаятельного человека, политика, быстро ориентирующегося в ситуации и принимающего соответствующие решения, за 10 лет превратился в дряхлого, «склерозированного» старика? Откуда начать рассказ о трагедии Брежнева?

Для меня она началась в один из августовских дней 1968 года — года Пражской весны и первых тяжелых испытаний для руководимого Брежневым Политбюро. Шли горячие дискуссии по вопросу возможной реакции СССР на события в Чехословакии. Как я мог уяснить из отрывочных замечаний Ю. В. Андропова, речь шла о том, показать ли силу Варшавского пакта, в принципе, силу Советского Союза, или наблюдать, как будут развиваться события, которые были непредсказуемы. Важна была и реакция Запада, в первую очередь США, которые сами погрязли в войне во Вьетнаме и не знали, как оттуда выбраться. Андропов боялся повторения венгерских событий 1956 года. Единодушия не было, шли бесконечные обсуждения, встречи, уговоры нового руководства компартии Чехословакии. Одна из таких встреч Политбюро ЦК КПСС и Политбюро ЦК КПЧ проходила в середине августа в Москве.

В воскресенье стояла прекрасная погода, и моя восьмилетняя дочь упросила меня пораньше приехать с работы, для того чтобы погулять и зайти в кино. Узнав у дежурных, что в Кремле все в порядке, идут переговоры, я уехал домой выполнять пожелания дочери. В кинотеатре «Стрела» демонстрировались в то время детские фильмы, и мы с дочерью с радостью погрузились в какую-то интересную киносказку. Не прошло и 20 минут, как ко мне подошла незнакомая женщина и попросила срочно выйти. На улице меня уже ждала автомашина, и через 5 минут я был на улице Грановского, в Управлении.

Здесь никто ничего толком не мог сказать. И вместе с П. Е. Лукомским и нашим известным невропатологом Р. А. Ткачевым мы выехали в ЦК, на Старую площадь.

Брежнев лежал в комнате отдыха, был заторможен и неадекватен. Его личный врач Н. Г. Родионов рассказал, что во время переговоров у Брежнева нарушилась дикция, появилась такая слабость, что он был вынужден прилечь на стол. Никакой органики Р. А. Ткачев не обнаружил. Помощники в приемной требовали ответа, сможет ли Брежнев продолжить переговоры. Клиническая картина была неясной. Сам Брежнев что-то бормотал, как будто бы во сне, пытался встать.

Умница Роман Александрович Ткачев, старый опытный врач, сказал: «Если бы не эта обстановка напряженных переговоров, то я бы сказал, что это извращенная реакция усталого человека со слабой нервной системой на прием снотворных средств». Родионов подхватил: «Да, это у него бывает, когда возникают неприятности или не решаются проблемы. Он не может спать, начинает злиться, а потом принимает 1 — 2 таблетки снотворного, успокаивается, засыпает. Просыпается как ни в чем не бывало и даже не вспоминает, что было. Сегодня, видимо, так перенервничал, что принял не 1 — 2 таблетки, а больше. Вот и возникла реакция, которая перепугала все Политбюро». Так и оказалось.

В приемную зашел А. Н. Косыгин и попросил, чтобы кто-нибудь из врачей разъяснил ситуацию. Вместе с Ткачевым мы вышли к нему. Искренне расстроенный Косыгин, далекий от медицины, упирал на возможность мозговых нарушений. Он сидел рядом с Брежневым и видел, как тот постепенно начал утрачивать нить разговора. «Язык у него начал заплетаться, — говорил Косыгин, — и вдруг рука, которой он подпирал голову, стала падать. Надо бы его в больницу. Не случилось бы чего-нибудь страшного». Мы постарались успокоить Косыгина, заявив, что ничего страшного нет, речь идет лишь о переутомлении и что скоро Брежнев сможет продолжить переговоры. Проспав 3 часа, Брежнев вышел как ни в чем не бывало и продолжал участвовать во встрече.

Конечно, мы рисковали, конечно, нам повезло. Динамическое нарушение мозгового кровообращения протекает иногда стерто и не всегда диагностируется. Правда, к везению надо прибавить и знания. Но что если бы на нашем месте были «перестраховщики», они бы увезли Брежнева в больницу, дня два обследовали, да еще, ничего не найдя, придумали бы диагноз либо нейродистонического криза, либо динамического нарушения мозгового кровообращения. А главное, без необходимости создали бы напряженную обстановку в партии, ЦК, Политбюро.

Это был для нас первый сигнал слабости нервной системы Брежнева и извращенной в связи с этим реакции на снотворное.

* * *

Шли годы. Возникали то одни, то другие проблемы. И я уже стал забывать о событии августовского воскресенья 1968 года.

Но вернемся в 1971 год — год XXIV съезда партии. Это был последний съезд, который Л. И. Брежнев проводил в нормальном состоянии. Он еще был полон сил, энергии, политических амбиций. Положение его как лидера партии и страны было достаточно прочным. Кроме того, чтобы обезопасить себя от возможных неожиданностей, он избрал верный путь. Во-первых, привлек в свое окружение людей, с которыми когда-то работал и которые, как он правильно рассчитывал, будут ему благодарны и преданы за их выдвижение. Во-вторых, на всех уровнях, определяющих жизнь страны, он стремился поставить людей по принципу «разделяй и властвуй».

Нет, не был в те годы Л. И. Брежнев недалеким человеком, чуть ли не дурачком, как это пытаются представить некоторые средства массовой информации. Он был расчетливым, тонким политиком. Среди его советников были самые видные специалисты в своих областях — академики М. В. Келдыш, Г. А. Арбатов, Н. Н. Иноземцев и многие другие, которые участвовали в разработке предлагаемых им программ.

Принцип «разделяй и властвуй» проявлялся и в Политбюро, где напротив друг друга сидели два человека, полные противоположности и, мягко говоря, не любившие друг друга, Н. В. Подгорный и А. Н. Косыгин. В свою очередь, в Совете Министров СССР А. Н. Косыгина окружали близкие Брежневу люди — старый друг Д. С. Полянский и знакомый еще по работе в Днепропетровске Н. А. Тихонов. Удивительными в связи с этим принципом казались мне его отношения с Ю. В. Андроповым.

Андропов был одним из самых преданных Брежневу членов Политбюро. Могу сказать твердо, что и Брежнев не просто хорошо относился к Андропову, но по-своему любил своего Юру, как он обычно его называл. И все-таки, считая его честным и преданным ему человеком, он окружил его и связал «по рукам» заместителями председателя КГБ — С. К. Цвигуном, которого хорошо знал по Молдавии, и Г. К. Циневым, который в 1941 году был секретарем горкома партии Днепропетровска, где Брежнев в то время был секретарем обкома. Был создан еще один противовес, хотя и очень слабый и ненадежный, в лице министра внутренних дел СССР Н. А. Щелокова. Здесь речь шла больше не о противостоянии Ю. В. Андропова и Н. А. Щелокова, которого Ю. В. Андропов иначе как «жуликом» и «проходимцем» мне и не рекомендовал, а скорее в противостоянии двух организаций, обладающих возможностями контроля за гражданами и ситуацией в стране. И надо сказать, что единственным, кого боялся и ненавидел Н. А. Щелоков, да и его первый зам, зять Брежнева — Ю. М. Чурбанов, был Ю. В. Андропов. Таков был авторитет и сила КГБ в то время.

Первое, что сделал Ю. В. Андропов, когда обсуждал будущую работу и взаимодействие с молодым, далеким от политических интриг, не разбиравшимся в ситуации руководителем 4-го управления, к тому же профессором, обеспечивающим постоянное наблюдение за состоянием здоровья руководителей партии и государства, это предупредил о сложной иерархии контроля за всем, что происходит вокруг Брежнева.

Жизнь непроста, многое определяет судьба и случай. Случилось так, что и С. К. Цвигун, и Г. К. Цинев сохранили жизнь только благодаря искусству и знаниям наших врачей. С. К. Цвигун был удачно оперирован по поводу рака легких нашим блестящим хирургом М. И. Перельманом, а Г. К. Цинева мы вместе с моим другом, профессором В. Г. Поповым, несколько раз выводили из тяжелейшего состояния после перенесенных инфарктов миокарда. И с тем и с другим у меня сложились хорошие отношения. Но и здесь я чувствовал внутренний антагонизм двух заместителей председателя КГБ, которые ревностно следили друг за другом. Но оба, хотя и независимо друг от друга, контролировали деятельность КГБ и информировали обо всем, что происходит, Брежнева. Умный Георгий Карпович Цинев и не скрывал, как я понял из рассказов Андропова, ни своей близости к Брежневу, ни своих встреч с ним.

Болезни Цвигуна и Цинева доставили нам немало переживаний. И не только в связи со сложностью возникших медицинских проблем, учитывая, что в первом случае приходилось решать вопрос об операбельности или неоперабельности рака легких, а во втором — нам с трудом удалось вывести пациента из тяжелейшего состояния, граничащего с клинической смертью. Была еще одна сторона проблемы. Брежнев особенно тяжело переживал болезнь Цинева, который был его старым другом. Когда я выражал опасения о возможном исходе, он не раздражался, как это делали в трудные минуты многие другие руководители, а по-доброму просил сделать все возможное для спасения Георгия Карповича. Удивительны были звонки Андропова, который, прекрасно зная, кого представляет Цинев в КГБ, искренне, с присущей ему вежливостью просил меня помочь, использовать все достижения медицины, обеспечить все необходимое для лечения и т.п. Мне всегда казалось, что Андропов, понимая всю ситуацию, уважал и ценил Цинева, будучи в то же время весьма равнодушным и снисходительным к Цвигуну.

Для меня они оба были пациентами, для спасения которых было отдано немало не только знаний, но и души, потому что для врача нет генерала или солдата, партийного или беспартийного, работника КГБ или рабочего с автомобильного завода. Есть сложный больной, которого ты выходил и которому ты сохранил жизнь. И это самое важное и дорогое. Конечно, существует и определенная ответственность при лечении государственных деятелей, но искренне добрые чувства рождаются именно с преодолением трудностей, с чувством честно выполненного долга, когда ты видишь результаты своего труда.

...Мне пришла на память история, которая, я уверен, не имела места в кабинете председателя КГБ ни до, ни после этого дня. Однажды я оказался у Андропова в кабинете. В это время у нас начали появляться проблемы с состоянием здоровья Брежнева, и мы встретились с Андроповым, чтобы обсудить ситуацию. Когда, закончив обсуждение, я поздравил Андропова с днем рождения, раздался звонок его самого близкого друга Д. Ф. Устинова. В тот период возникающие с Брежневым проблемы Андропов скрывал от всех, даже от самых близких друзей. На вопрос: «Что делает «новорожденный» в данный момент?» — Андропов, понимая, что Устинов может каким-то образом узнать о моем длительном визите, ответил: «Меня поздравляет Евгений Иванович». Заводной, с широкой русской натурой Дмитрий Федорович тут же сказал: «Я этого не потерплю и еду к вам. Только скажи, чтобы открыли ворота, чтобы я въехал во двор, а то пойдут разговоры, что я к тебе езжу по вечерам». Короче говоря, через 30 минут в кабинете был Дмитрий Федорович, поздравлял, громко смеялся и требовал положенных в таких случаях 100 граммов. Андропов ответил, что не держит в кабинете спиртного. Настойчивый Дмитрий Федорович предложил вызвать помощника Андропова, который должен был находиться в приемной, и попросить чего-нибудь достать. К моему удивлению, вместо помощника зашел Цвигун, а затем, буквально вслед за ним, извиняясь, появился Цинев. Конечно, нашлись 100 граммов за здоровье именинника, было шумно, весело, но меня не покидало ощущение, что нас не хотели оставлять втроем — о чем могли говорить председатель КГБ и приехавший внезапно и тайно министр обороны с профессором, осуществляющим лечение Брежнева, у которого появились проблемы со здоровьем?

Может быть, я был излишне мнителен, но интуиция меня никогда не подводила.

***

В первые годы моей работы в Управлении общительный, жизнерадостный, активный Леонид Ильич любил собирать у себя в доме компании друзей и близких ему лиц. Помню свое удивление, когда через год моей работы на посту начальника 4-го управления, в один из декабрьских вечеров, раздался звонок правительственной связи. Говорил Брежнев: «Ты что завтра вечером делаешь? Я хотел бы тебя пригласить на дачу. Соберутся друзья, отметим мое рождение». В первый момент я даже растерялся. Генеральный секретарь ЦК КПСС и вот так, запросто, приглашает к себе домой, да еще на семейный праздник, малоизвестного молодого профессора. Невдомек мне было тогда, что приглашал Брежнев не неизвестного профессора, а начальника 4-го управления.

В назначенное время я был на скромной старой деревянной даче Генерального секретаря в Заречье, на окраине Москвы, где в небольшой гостиной и столовой было шумно и весело. Не могу вспомнить всех, кого тогда встретил в этом доме. Отчетливо помню Андропова, Устинова, Цинева, помощника Брежнева — Г. Э. Цуканова, начальника 9-го управления КГБ С. Н. Антонова, министра гражданской авиации Б. П. Бугаева. Царила непринужденная обстановка. Брежнев любил юмор, да и сам мог быть интересным рассказчиком.

Довольно скоро, не знаю в связи с чем, для меня, да и для многих из тех, кто бывал со мной, они прекратились. Круг тех, кто посещал Брежнева, ограничился несколькими близкими ему членами Политбюро. Среди них не было ни Подгорного, ни Косыгина, ни Суслова. Да и позднее, когда Брежнев, все чаще и чаще находясь в больнице, собирал там своих самых близких друзей, я не встречал среди них ни Подгорного, ни Косыгина, ни Суслова. За столом обычно бывали Андропов, Устинов, Кулаков, Черненко. Даже Н. А. Тихонова не бывало на этих «больничных своеобразных чаепитиях», на которых обсуждались не только проблемы здоровья Генерального секретаря.

Вспоминая эти встречи, да и стиль жизни и поведения Брежнева на протяжении последних 15 лет его жизни, я убеждался, как сильны человеческие слабости и как они начинают проявляться, когда нет сдерживающих начал, когда появляется власть и возможности безраздельно ею пользоваться. Испытание «властью», к сожалению, выдерживают немногие. По крайней мере, в нашей стране. Если бы в конце 60-х годов мне сказали, что Брежнев будет упиваться славой и вешать на грудь одну за другой медали «Героя» и другие знаки отличия, что у него появится дух стяжательства, слабость к подаркам и особенно к красивым ювелирным изделиям, я бы ни за что не поверил. В то время это был скромный, общительный, простой в жизни и обращении человек, прекрасный собеседник, лишенный комплекса «величия власти».

Помню, как однажды он позвонил и попросил проводить его к брату, который находился на лечении в больнице в Кунцеве. Я вышел на улицу и стал ждать его и эскорт сопровождающих машин. Каково было мое удивление, когда ко мне как-то незаметно подъехал «ЗИЛ», в котором находился Брежнев и только один сопровождающий. Брежнев, открыв дверь, пригласил меня в машину. Но еще больше меня удивило, что машину обгонял другой транспорт, а на повороте в больницу на Рублевском шоссе в нас чуть не врезалась какая-то частная машина. С годами изменился не только Брежнев, но и весь стиль его жизни, поведения и даже внешний облик.

Как ни странно, но я ощутил эти изменения, казалось бы, с мелочи. Однажды, когда внешне все как будто бы оставалось по-старому, у него на руке появилось массивное золотое кольцо с печаткой. Любуясь им, он сказал: «Правда, красивое кольцо и мне идет?» Я удивился — Брежнев и любовь к золотым кольцам! Это что-то новое. Возможно, вследствие моего воспитания я не воспринимал мужчин, носящих ювелирные изделия вроде колец. Что-то в этом духе я высказал Брежневу, сопроводив мои сомнения высказыванием о том, как воспримут окружающие эту новинку во внешнем облике Генерального секретаря ЦК КПСС. Посмотрев на меня почти с сожалением, что я такой недалекий, он ответил, что ничего я не понимаю и все его товарищи, все окружающие сказали, что кольцо очень здорово смотрится и что надо его носить. Пусть это будет его талисманом.

Это было в то время, когда положение Брежнева укрепилось, не было достойных конкурентов, он не встречал каких-либо возражений и чувствовал себя совершенно свободно.

Вокруг появлялось все больше и больше подхалимов. Мне кажется, что в первые годы Брежнев в них разбирался, но по мере того как у него развивался атеросклероз мозговых сосудов и он терял способность к самокритике, расточаемый ими фимиам попадал на благодатную почву самомнения и величия. Сколько он показал нам, находясь в больнице, выдержек из газет, выступлений по радио и телевидению, писем и телеграмм, которые ему пересылал из ЦК К. У. Черненко, в которых восхвалялись его настоящие и мнимые заслуги! Они были полны такого неприкрытого подхалимства, что как-то неловко было их слушать и неловко было за Брежнева, который верил в их искренность.

Члены Политбюро, за исключением Косыгина и в определенные периоды Подгорного, не отставали от других, выражая свое преклонение перед «гением» Брежнева и предлагая наперебой новые почести для старого склерозировавшегося человека, потерявшего в значительной степени чувство критики, вызывавшего в определенной степени чувство жалости.

Вспоминаю, как в феврале 1978 года Брежнев говорил: «Знаешь, товарищи решили наградить меня орденом «Победа». Я им сказал, что этот орден дается только за победу на фронте. А Дмитрий Федорович (Устинов), да и другие, убедили меня, что победа в борьбе за мир равноценна победе на фронте». С подачи К. У. Черненко в том же 1978 году была предложена генсеку третья Звезда Героя Советского Союза.

ложении в стране, поможет решить возникшие проблемы, от которых зависит будущее руководство партией и страной. По крайней мере, пользуясь авторитетом и доверием Брежнева, сможет обрисовать ему тяжелое будущее, если тот не примет наших советов. Несмотря на близость к Андропову на протяжении 18 лет, наши длительные откровенные беседы на самые разнообразные темы, сложные ситуации, из которых нам приходилось выходить вместе, несмотря на все это, он и сейчас представляет для меня загадку. Но это отдельный разговор.

Тогда же, в 1973 году, я ехал на площадь Дзержинского с большими надеждами. Мы, как правило, встречались по субботам, когда пустели коридоры и кабинеты партийных и государственных учреждений, в основном молчали аппараты правительственной связи. Брежнев, а с ним и другие руководители, строго выдерживали кодекс о труде в плане использования для отдыха субботы и воскресенья. Лишь два человека — Устинов, в силу стереотипа, сложившегося со сталинских времен, когда он был министром, и Андропов, бежавший из дома в силу сложных семейных обстоятельств, в эти дни работали. Если Брежнев убегал на охоту в Завидово, то Андропов убегал на работу.

С трудом открыв массивную дверь в старом здании на площади Дзержинского, пройдя мимо охраны и солдата с автоматом наперевес, я поднялся на 3-й этаж, где размещался кабинет Андропова. Мне нравился его уютный кабинет с высоким потолком, скромной обстановкой, бюстом Дзержинского.

В приемной вежливый и приятный, интеллигентного вида, всегда с доброй улыбкой секретарь Евгений Иванович попросил минутку подождать, пока из кабинета выйдет помощник Андропова В. А. Крючков. Я подошел к большому окну, из которого открывался прекрасный вид. Был конец лета, и возле метро и «Детского мира», по улице 25-го Октября сплошным потоком в различных направлениях спешили приезжие и москвичи — кто в ГУМ, кто на Красную площадь, кто в «Детский мир». У каждого были свои заботы, свои интересы, свои планы. Они и не предполагали, что в большом сером доме на площади обсуждаются проблемы, от решения которых в определенной степени зависит и их будущее.

Из кабинета вышел Крючков — один из самых близких и преданных Андропову сотрудников. Дружески раскланявшись с ним, я вошел к Андропову. Улыбаясь, он, как всегда, когда мы оставались наедине, предложил сбросить пиджаки и «побросаться новыми проблемами».

По мере моего рассказа о сложностях, возникающих с состоянием здоровья Брежнева и его работоспособностью, особенно в аспекте ближайшего будущего, улыбка сходила с лица Андропова, и во взгляде, в самой позе появилась какая-то растерянность. Он вдруг ни с того ни с сего начал перебирать бумаги, лежавшие на столе, чего я никогда не видел ни раньше, ни позднее этой встречи. Облокотившись о стол и как будто ссутулившись, он молча дослушал до конца изложение нашей, как я считал, с ним проблемы.

Коротко, суть поставленных вопросов сводилась к следующему: каким образом воздействовать на Брежнева, чтобы он вернулся к прежнему режиму и принимал успокаивающие средства только под контролем врачей? Как удалить Н. из его окружения и исключить пагубное влияние некоторых его друзей? И самое главное — в какой степени и надо ли вообще информировать Политбюро или отдельных его членов о возникающей ситуации?

Андропов довольно долго молчал после того, как я закончил перечислять свои вопросы, а потом, как будто бы разговаривая сам с собой, начал скрупулезно анализировать положение, в котором мы оказались. «Прежде всего, — сказал он, — никто, кроме вас, не поставит перед Брежневым вопроса о режиме или средствах, которые он использует. Если я заведу об этом разговор, он сразу спросит: «А откуда ты знаешь?» Надо ссылаться на вас, а это его насторожит: почему мы с вами обсуждаем вопросы его здоровья и будущего. Может появиться барьер между мной и Брежневым. Исчезнет возможность влиять на него. Многие, например Щелоков, обрадуются. Точно так же не могу я вам ничем помочь и с удалением Н. из его окружения. Я как будто бы между прочим рассказал Брежневу о Н., и даже не о ней, а о ее муже, который работает в нашей системе и довольно много распространяется на тему об

36

их взаимоотношениях. И знаете, что он мне на это ответил? «Знаешь, Юрий, это моя проблема, и прошу больше ее никогда не затрагивать». Так что, как видите, — продолжал Андропов, — мои возможности помочь вам крайне ограниченны, их почти нет. Сложнее другой ваш вопрос — должны ли мы ставить в известность о складывающейся ситуации Политбюро или кого-то из его членов? Давайте мыслить реально. Сегодня Брежнев признанный лидер, глава партии и государства, достигшего больших высот. В настоящее время только начало болезни, периоды астении редки, и видите их только вы и, может быть, ограниченный круг ваших специалистов. Никто ни в Политбюро, ни в ЦК нас не поймет и постараются нашу информацию представить не как заботу о будущем Брежнева, а как определенную интригу. Надо думать нам с вами и о другом. Эта информация может вновь активизировать борьбу за власть в Политбюро. Нельзя забывать, что кое-кто может если не сегодня, то завтра воспользоваться возникающей ситуацией. Тот же Шелепин, хотя и перестал претендовать на роль лидера, но потенциально опасен. Кто еще? — размышлял Андропов. — Суслов вряд ли будет ввязываться в эту борьбу за власть. Во всех случаях он всегда будет поддерживать Брежнева. Во-первых, он уже стар, его устраивает Брежнев, тем более Брежнев со своими слабостями. Сегодня Суслов для Брежнева, который слабо разбирается в проблемах идеологии, непререкаемый авторитет в этой области, и ему даны большие полномочия. Брежнев очень боится Косыгина, признанного народом, талантливого организатора. Этого у него не отнимешь. Но он не борец за власть. Так что основная фигура — Подгорный. Это — ограниченная личность, но с большими политическими амбициями. Такие люди опасны. У них отсутствует критическое отношение к своим возможностям. Кроме того, Подгорный пользуется поддержкой определенной части партийных руководителей, таких же по характеру и стилю, как и он сам. Не исключено, что и Кириленко может включиться в эту борьбу. Так что, видите, претенденты есть. Вот почему для спокойствия страны и партии, для благополучия народа нам надо сейчас молчать и, более того, постараться скрывать недостатки Брежнева. Если начнется борьба за власть в условиях анархии, когда не будет твердого руководства, то это приведет к развалу и хозяйства, и системы. Но нам надо активизировать борьбу за Брежнева, и здесь основная задача падает на вас. Но я всегда с вами и готов вместе решать вопросы, которые будут появляться».

Андропов рассуждал логично, и с ним нельзя было не согласиться. Но я понял, что остаюсь один на один и с начинающейся болезнью Брежнева, и с его слабостями. Понял и то, что, Андропов, достигнув вершин власти, только что войдя в состав Политбюро, не хочет рисковать своим положением. С другой стороны, он представлял четко, что быть могущественным Андроповым и даже вообще быть в Политбюро он может только при руководстве Брежнева. Что я не понял в то время, так это то, что разговорами о благе партии и народа, благополучии моей Родины, любовь к которой я впитал с молоком матери, пытались прикрыть свои собственные интересы…

***

После состоявшегося разговора с Андроповым я решил, выбрав подходящий момент, еще раз откровенно поговорить с Брежневым. Воспользовавшись моментом, когда Брежнев остался один, о чем мне сообщил Рябенко, искренне помогавший мне все 15 лет, я приехал на дачу. Брежнев был в хорошем состоянии и был удивлен моим неожиданным визитом. Мы поднялись на 3-й этаж, в его неуютный кабинет, которым он пользовался редко. Волнуясь, я начал заранее продуманный разговор о проблемах его здоровья и его будущем.

Понимая, что обычными призывами к соблюдению здорового образа жизни таких людей, как Брежнев, не убедишь, я, памятуя разговор с Андроповым, перенес всю остроту на политическую основу проблемы, обсуждая его возможности сохранять в будущем позиции политического лидера и главы государства, когда его астения, склероз мозговых сосудов, мышечная слабость станут видны не только его друзьям, но и врагам, а самое главное — широким массам. Надо сказать, что

Брежнев не отмахнулся от меня, как это бывало раньше. «Ты все преувеличиваешь, — ответил он на мои призывы. — Товарищи ко мне относятся хорошо, и я уверен, что никто из них и в мыслях не держит выступать против меня. Я им нужен. Косыгин, хотя и себе на уме, но большой поддержкой в Политбюро не пользуется. Что касается Подгорного, то он мой друг, мы с ним откровенны, и я уверен в его добром отношении ко мне (через 3 года он будет говорить противоположное). Что касается режима, то я постараюсь его выполнять. Если надо, каждый день буду плавать в бассейне. (Только в этом он сдержал слово, и до последних дней его утро начиналось с бассейна, даже в периоды, когда он плохо ходил. Это хоть как-то его поддерживало.) В отношении успокаивающих средств ты подумай с профессорами, что надо сделать, чтобы у меня не появлялась бессонница. Ты зря нападаешь на Н. Она мне помогает и, как говорит, ничего лишнего не дает. А в целом, тебе по-человечески спасибо за заботу обо мне и моем будущем».

Насколько я помню, это была наша последняя обстоятельная и разумная беседа, в которой Брежнев мог критически оценивать и свое состояние, и ситуацию, которая складывалась вокруг него. Действительно, почти год после нашего разговора, до середины 1974 года, он старался держаться и чувствовал себя удовлетворительно.

14 июня, в связи с 60-летием со дня рождения, Андропову было присвоено звание Героя Социалистического Труда. После того как я поздравил его с юбилеем, Андропов (мы были наедине), улыбающийся, радостный, сказал: «Вы зря беспокоились о Брежневе. Все наши страхи напрасны, он активно работает, заслуженно пользуется авторитетом. Никто не обсуждает проблем его здоровья. Будем надеяться, что все самое тяжелое уже позади».

Не знаю, «сглазил» ли Андропов Брежнева, или тому просто надоело держаться в рамках строго установленного врачами режима, но первый достаточно серьезный срыв произошел уже через месяц после нашего разговора. Это случилось накануне визита Брежнева в Польшу во главе делегации на празднование 30-летия провозглашения Польской Народной Республики. За два дня до отъезда новый личный врач Брежнева М. Т. Косарев (прежний умер от рака легких) с тревогой сообщил, что, приехав на дачу, застал Брежнева в астеническом состоянии. Что сыграло роль в этом срыве, разбираться было трудно, да и некогда. Отменить заранее объявленный визит в Польшу было невозможно. Надо было срочно постараться вывести Брежнева из этого состояния. С большим трудом это удалось сделать, и 19 июля восторженная Варшава встречала руководителя братского Советского Союза. Руководитель был зол на нас, заставивших его выдерживать режим, но зато держался при встрече хорошо и выглядел бодро. На следующий день предполагалось выступление Брежнева на торжественном заседании, и мы просили его выдержать намеченный режим, причем предупредили и присутствовавшую при разговоре Н. об ответственности момента. В ответ была бурная реакция Брежнева в наш с Косаревым адрес с угрозами, криком, требованиями оставить его в покое. Косарев, который впервые присутствовал при такой реакции, побледнел и растерялся. Мне уже приходилось быть свидетелем подобных взрывов, связанных с болезнью, и я реагировал на них спокойнее.

Вечером, когда мы попытались встретиться с Брежневым, нам объявили, что он запретил пускать нас в свою резиденцию, которая находилась в 300 метрах от гостиницы, в которой мы жили. Без нас, вечером, Брежнев принял успокаивающие средства, полученные от кого-то из окружения, вероятнее всего от Н., которая оставалась с ним. Утром мы с трудом привели его в «божеский» вид. Что было дальше, описывает Э. Герек в своих «Воспоминаниях», в которых Брежнев предстает как странный или невменяемый человек. Мне, больше чем ему, было стыдно, когда Брежнев начал дирижировать залом, поющим «Интернационал».

Я подробно останавливаюсь на этом случае не только потому, что его описание объясняет историю, рассказанную Гереком, но и потому, что подобные ситуации возникали в дальнейшем не раз в ответственные моменты политических и дипломатических событий.

Теряя способность аналитического мышления, быстроту реакции, Брежнев все чаще и чаще не выдерживал рабочих нагрузок, сложных ситуаций. Происходили срывы, которые скрывать было уже невозможно. Их пытались объяснять по-разному: нарушением мозгового кровообращения, сердечными приступами, нередко им придавали политический оттенок.

* * *

Не так давно мне позвонил академик Г.А. Арбатов, один из тех, кто участвовал в формировании внешнеполитического курса при Брежневе, и попросил, в связи с необходимостью уточнения материалов его воспоминаний, ответить — что же на самом деле происходило с Брежневым во время переговоров с Фордом во Владивостоке в ноябре 1974 года? Это, кстати, подтверждает тот факт, что даже ближайшее окружение Брежнева не знало в то время истины его срывов.

Во Владивосток Брежнев летел в крайнем напряжении. Предстояло вести сложные переговоры по дальнейшему уменьшению военного противостояния США и СССР, причем каждая из сторон боялась, как бы другая сторона ее не обманула. Кроме того, надо было принимать решения в ходе переговоров, что уже представляло трудности для Брежнева. Первые признаки начинающегося срыва мы обнаружили еще в Хабаровске, где пришлось приземлиться из-за плохой погоды во Владивостоке. Обстановка переговоров, по моим представлениям, была сложной. Они не раз прерывались, и я видел, как американская делегация спешила на улицу в бронированный автомобиль, который они привезли с собой, чтобы связаться с Вашингтоном, а Брежнев долго, по специальной связи, о чем-то спорил с министром обороны А. Гречко. Брежнев нервничал, был напряжен, злился на окружающих. Начальник охраны А. Рябенко, видя его состояние, сказал мне: «Евгений Иванович, он на пределе, ждите очередного срыва». Да я и сам при встречах с Брежневым видел, что он держится из последних сил.

Тяжелейший срыв произошел в поезде, когда, проводив американскую делегацию, Брежнев поехал в Монголию с официальным визитом. Из поезда я позвонил по спецсвязи Андропову и сказал, что все наши надежды рухнули, все вернулось на «круги своя» и что скрывать состояние Брежнева будет трудно, учитывая, что впервые не врачи и охрана, а вся делегация, находившаяся в поезде, видела Брежнева в невменяемом, астеническом состоянии.

Действительно, многие (об этом пишет и Арбатов) считали, что у Брежнева возникло динамическое нарушение мозгового кровообращения. С этого времени и ведут отсчет болезни Брежнева. Надо сказать, что в какой-то степени нам удалось компенсировать нарушенные функции в связи с астенией и депрессией. Более или менее спокойно прошел визит в Монголию, а затем в начале декабря и во Францию.

После Франции Брежнев перестал обращать внимание на наши рекомендации, не стесняясь, под любым предлогом, стал принимать сильнодействующие успокаивающие средства, которыми его снабжала Н. и некоторые его друзья. Периодически, еще сознавая, что сам губит себя, он соглашался на госпитализацию в больницу или санаторий «Барвиха», но, выйдя из тяжелого состояния, тут же «убегал» чаще всего в свое любимое Завидово.

Самыми страшными для всех нас, особенно для охраны, были моменты, когда, отправляясь в Завидово, он сам садился за руль автомашины. С военных лет Брежнев неплохо водил машину и любил быструю езду. Однако болезнь, мышечная слабость, астения привели к тому, что он уже не мог справляться с автомобилем так, как это было раньше, что было причиной нескольких автомобильных инцидентов. Особенно опасны были такие вояжи в Крыму по горным дорогам. Однажды машина, которую он вел, чуть не свалилась с обрыва. Возвращаясь из таких поездок, А. Рябенко мне часто говорил, что только волей случая можно объяснить, что они еще живы.

Брежнев терял способность к самокритике, что было одним из ранних проявлений его болезни, связанной с активным развитием атеросклероза сосудов мозга. Она проявлялась в нарастающей сентиментальности, вполне объяснимой у человека, прошедшего войну и перенесшего контузию. Особенно остро он переживал воспоминания о военных и первых послевоенных годах. Находясь в санатории «Барвиха», он попросил, чтобы каждый день ему показывали фильмы с участием известной австрийской киноактрисы Марики Рокк. Фильмы с ее участием были первыми цветными музыкальными фильмами, которые шли в нашей стране в тяжелые послевоенные годы. Я сам помню эти удивительные для нас ощущения. Вокруг была разруха, голод, смерть близких, а с экрана пела, танцевала очаровательная Марика Рокк, и этот мир казался нам далекой несбыточной сказкой. Брежнев посмотрел 10 или 12 фильмов с ее участием, каждый раз вновь переживая послевоенные годы.

В связи со снижением критического восприятия у Брежнева случались и казусы. Один из них связан с телесериалом «Семнадцать мгновений весны», который Брежнев смотрел в больнице. Дежурившая у него Н. при обсуждении картины передала как очевидное слухи, ходившие среди определенного круга лиц, о том, что прототипом главного героя Штирлица является полковник Исаев, который живет всеми забытый, и его подвиг достойно не отмечен. Возбужденный Брежнев тут же позвонил Андропову и серьезно начал выговаривать, что у нас еще не ценят заслуги людей, спасших страну от фашизма. Он просил разыскать Исаева, работа которого в тылу немцев достойна высшей награды. Когда Андропов начал резонно говорить, что он точно знает, что это вымысел автора, что за Штирлицем не скрывается реальное лицо, Брежнев этому не поверил и просил еще раз все выяснить и доложить. Исаева, конечно, не нашли, но награды были все-таки вручены. Они были вручены исполнителям ролей в этом фильме, так понравившемся Генеральному секретарю.

Брежнев все больше и больше терял способность к критическому анализу, снижалась его работоспособность и активность, срывы становились более продолжительными и глубокими. В 1975 году скрывать их практически не удавалось. Да и он сам, окруженный толпой подхалимов, все больше и больше уверовал в свою непогрешимость и свое величие, стал меньше обращать внимания на реакцию окружающих. Приглашая, например, в Завидово своих, как ему казалось, друзей-охотников Н. Подгорного и Д. Полянского, он не только усаживал за стол медсестру Н., но и обсуждал в ее присутствии государственные проблемы.

Мне позвонил возмущенный Д. Полянский и заявил, что это безобразие, что медицинская сестра нашего учреждения садится за стол вместе с членами Политбюро, которые обсуждают важные государственные проблемы. Что это не только неэтично, но и бестактно. Согласившись с ним, я поинтересовался, а сказал ли он то же самое хозяину дома? Несколько замявшийся Полянский ответил, что что-то в этом духе он Брежневу сказал, но считает, что прежде всего я обязан удалить Н. из Завидова и предупредить ее о необходимости строго соблюдать профессиональную этику. Не знаю, что на самом деле сказал Полянский Брежневу, но в их отношениях появился холодок, который в конце концов привел к разрыву.

* * *

Несмотря на углубляющиеся изменения личности Генерального секретаря, учащающиеся приступы срывов в его состоянии, страна в 1975 году продолжала еще жить активно и творчески.

Некоторый спад внешнеполитической деятельности, особенно в отношениях с США, прервал период разрядки. К августу 1975 года было подготовлено Соглашение по безопасности в Европе. Подписание соглашения, о котором так мечтал Брежнев, должно было состояться в августе в Хельсинки. Естественно, на этот период надо было обеспечить активность Генерального секретаря. Мы изучили все известные мировой медицине методы стимуляции функций организма, в том числе и центральной нервной системы. Кстати сказать, Андропов очень заинтересовался этими методами и попросил достать соответствующие препараты. Будучи страстным болельщиком хоккейной команды «Динамо», он в шутку сказал: «Посвятили бы вы во все тонкости руководство «Динамо», может быть, играть стали бы лучше». Помолчав, добавил: «Думаю, даже при этом они ЦСКА не обыграют». (Это были годы острого соперничества «Динамо» и ЦСКА.) Действительно, вскоре ко мне пришли руководители «Динамо», которым я не только прочитал лекцию о возможностях скрытых резервных сил организма, но и передал ряд средств, которые еще не числились в разряде допинговых.

Не знаю, как команду «Динамо» (судя по тому, что они не завоевали первенства, игроки вряд ли принимали стимуляторы), а вот Брежнева нам удалось перед поездкой в Хельсинки вывести из состояния мышечной астении и депрессии. Андропов очень волновался перед поездкой Брежнева в Хельсинки. Разработанный план дезинформации общественного мнения в отношении здоровья Брежнева рушился. Внутри страны еще можно было как-то мириться с ситуацией, связанной с болезнью Брежнева. Другой вопрос — как ее воспримут на Западе? Не будут ли болезнь лидера, его слабость влиять на позиции нашей страны? Не поднимут ли голову ее недруги? Боялся Андропов, да и я, и не без оснований, возможного срыва в ходе Хельсинкского совещания. Чтобы предупредить разговоры внутри страны, делегация и число сопровождающих лиц были сведены к минимуму — А. А. Громыко и начавший набирать силу К. У. Черненко. Мы поставили условие: чтобы во время поездки (в Хельсинки мы ехали поездом) и в период пребывания в Финляндии у Брежнева были бы только официальные встречи, и ни Н., ни кто-либо другой не встречался с ним наедине (кроме Громыко и Черненко).

Надо сказать, что и в этот период, и в последующих сложных политических ситуациях, когда надо было проявлять хоть минимум воли и мышления, Брежнев с нами соглашался.

Вспоминаю, как возмущались некоторые работники МИД СССР тем, что в зале заседаний рядом с Брежневым находились врач и охрана, а не дипломаты всех рангов. Возможно, они думали, что мы это делаем из тщеславия. А у нас была только одна мысль — хоть бы скорее все заканчивалось и лишь бы не пришлось на ходу применять лекарственные средства. К нашей радости и определенному удивлению, выступление Брежнева и подписание соглашения прошло относительно хорошо. Единственно, когда надо было ехать на официальный обед, который давал У. Кекконен в честь глав делегаций, он вдруг начал категорически отказываться от поездки, убеждая, что на обеде страну вполне может представлять Громыко. С большим трудом удалось его уговорить поехать. Но в связи с уговорами он несколько опоздал на обед, где его приезда ждали главы делегаций, и уехал раньше в резиденцию, размещавшуюся недалеко от дворца президента в здании нашего посольства.

Возвращение в страну было триумфальным, а для нас печальным. В Москве Брежнев был всего сутки, после чего улетел к себе на дачу в Крым, в Нижнюю Ореанду. Все встало на «круги своя». Опять успокаивающие средства, астения, депрессия, нарастающая мышечная слабость, доходящая до прострации. Три раза в неделю, скрывая от всех свои визиты, я утром улетал в Крым, а вечером возвращался в Москву. Все наши усилия вывести Брежнева из этого состояния оканчивались неудачей. Положение становилось угрожающим.

При встрече я сказал Андропову, что больше мы не имеем права скрывать от Политбюро ситуацию, связанную со здоровьем Брежнева и его возможностью работать. Андропов явно растерялся. Целеустремленный, волевой человек, с жесткой хваткой, он терялся в некоторых сложных ситуациях, когда ему трудно было найти выход, который устраивал бы и дело, которому он честно и преданно служил, и отвечал его собственным интересам. Более того, мне казалось, что в такие моменты у него появлялось чувство страха.

Так было и в данном случае. Чтобы не принимать опрометчивого решения, он сам вылетел в Крым, к Брежневу. Что было в Крыму, в каком виде Андропов застал Брежнева, о чем шел разговор между ними, я не знаю, но вернулся он из поездки удрученным и сказал, что согласен с моим мнением о необходимости более широкой информации Политбюро о состоянии здоровья Брежнева. Перебирая все возможные варианты — официальное письмо, ознакомление всего состава Политбюро или отдельных его членов со сложившейся ситуацией, — мы пришли к заключению, что должны информировать второго человека в партии — Суслова. Он был, по нашему мнению, единственным, кого еще побаивался или стеснялся Брежнев. Разъясняя всю суть проблемы Суслову, мы как бы перекладывали на него ответственность за дальнейшие шаги.

Андропов взял на себя миссию встретиться с Сусловым и все ему рассказать. Вернулся он в плохом настроении — Суслов хотя и пообещал поговорить с Брежневым о его здоровье и режиме, но сделал это весьма неохотно и, кроме того, был недоволен тем, что оказался лицом, которому необходимо принимать решение. Он согласился с Андроповым, что пока расширять круг лиц, знакомых с истинным положением дел, не следует, ибо может начаться политическая борьба, которая нарушит сложившийся статус-кво в руководстве и спокойствие в стране.

* * *

Суслов проявил наивность, если он действительно думал, что все встанет на свои места и никто не начнет интересоваться, а тем более использовать болезнь Брежнева в своих целях. Первым, кто активно начал интересоваться складывающейся ситуацией и будущим Брежнева, был не кто иной, как ближайший друг и товарищ по партии Подгорный.

Вернувшийся из Крыма Брежнев ни на йоту не изменил ни своего режима, ни своих привычек. И, естественно, вскоре оказался в больнице, на сей раз на улице Грановского. Состояние было не из легких — нарастала мышечная слабость и астения, потеря работоспособности и конкретного аналитического мышления. Не успел Брежнев попасть в больницу, как к нему пришел Подгорный. Для меня это было странно и неожиданно, потому что никогда прежде он не только не навещал Брежнева в больнице, но и не интересовался его здоровьем. Я находился как раз у Брежнева, когда раздался звонок в дверь и у входа в палату я увидел Подгорного. В этот момент я успел сообразить, что он пришел неспроста, хочет увидеть Брежнева в истинном состоянии, а затем «сочувственно» рассказать на Политбюро о своем визите к своему давнему другу и о том, как плохо он себя чувствует.

Пользуясь правом врача, я категорически возразил против подобного посещения, которое пойдет во вред больному. «Ты что, Председателя Президиума Верховного Совета СССР не знаешь? — заявил он мне. — Не забывай, что незаменимых людей в нашей стране нет». Постоянное нервное напряжение привело к тому, что я абсолютно не реагировал даже на неоправданную критику, нападки или грубость по отношению ко мне. Я работал, выполняя честно свой профессиональный долг, и ни на что не обращал внимания. Не поколебала меня и скрытая угроза Подгорного. «Николай Викторович, я должен делать все для блага пациента, для его выздоровления. Сейчас ему нужен покой. Ни я, ни вы не знаем, как он воспримет ваш визит. Он может ему повредить. Если Политбюро интересуется состоянием здоровья Брежнева, я готов представить соответствующее заключение консилиума профессоров». Не обладая большим умом, но, будучи большим политиканом, он понял подтекст последней фразы: «Кого ты здесь представляешь — Подгорного, друга и товарища нашего пациента, или Подгорного — члена Политбюро и его полномочного представителя, который должен сам убедиться в истинном положении дел?» Ворча, недовольный Подгорный ушел.

Я тут же сообщил о неожиданном визите Андропову, а тот Суслову. Суслов ничего лучшего не нашел, как сказать тривиальную фразу: «Хорошо, если бы Леонид Ильич скорее выздоровел и мог бы выступить на каком-нибудь большом собрании или совещании».

Это мнение о том, что лидеру необходимо периодически показываться, независимо от того, как он себя чувствует, которое впоследствии касалось не только Брежнева, но и многих других руководителей партии и государства, стало почти официальным и носило, по моему мнению, не только лицемерный, но и садистский характер. Садистским по отношению к этим несчастным, обуреваемым политическими амбициями и жаждой власти и пытающимся пересилить свою немочь, свои болезни, чтобы казаться здоровыми и работоспособными в глазах народа.

И вот уже разрабатывается система телевизионного освещения заседаний и встреч с участием Брежнева, а потом и Андропова, где режиссер и оператор точно знают ракурс и точки, с которых они должны вести передачу. В новом помещении для пленумов ЦК КПСС в Кремле устанавливаются специальные перила для выхода руководителей на трибуну. Разрабатываются специальные трапы для подъема в самолет и на Мавзолей Ленина на Красной площади. Кстати, если мне память не изменяет, создателей трапа удостаивают Государственной премии. Верхом лицемерия становится телевизионная передача выступления К. У. Черненко накануне выборов в Верховный Совет СССР в 1985 году. Ради того, чтобы показать народу его руководителя, несмотря на наши категорические возражения, вытаскивают (в присутствии члена Политбюро В. В. Гришина) умирающего К. У. Черненко из постели и усаживают перед объективом телекамеры. Я и сегодня стыжусь этого момента в моей врачебной жизни. Каюсь, что не очень сопротивлялся ее проведению, будучи уверен, что она вызовет в народе реакцию, противоположную той, какую ожидали ее организаторы; что она еще раз продемонстрирует болезнь руководителя нашей страны, чего не признавало, а вернее, не хотело признать узкое окружение советского лидера.

Говорят, что это явление присуще тоталитарным режимам. Но я прекрасно помню ситуацию, связанную с визитом в СССР больного президента Франции Ж. Помпиду. А больные президенты США? Разве они не находились в том же положении, что и советские лидеры?..

* * *

Между тем события, связанные с болезнью Брежнева, начали приобретать политический характер. Не могу сказать, каким образом, вероятнее от Подгорного и его друзей, но слухи о тяжелой болезни Брежнева начали широко обсуждаться не только среди членов Политбюро, но и среди членов ЦК. Во время одной из очередных встреч со мной как врачом ближайший друг Брежнева Устинов, который в то время еще не был членом Политбюро, сказал мне: «Евгений Иванович, обстановка становится сложной. Вы должны использовать все, что есть в медицине, чтобы поставить Леонида Ильича на ноги. Вам с Юрием Владимировичем надо продумать и всю тактику подготовки его к съезду партии. Я в свою очередь постараюсь на него воздействовать».

При встрече Андропов начал перечислять членов Политбюро, которые при любых условиях будут поддерживать Брежнева. Ему показалось, что их недостаточно. «Хорошо бы, — заметил он, — если бы в Москву переехал из Киева Щербицкий. Это бы усилило позицию Брежнева. Мне с ним неудобно говорить, да и подходящего случая нет. Не могли бы вы поехать в Киев для его консультации, тем более что у него что-то не в порядке с сердцем, и одновременно поговорить, со ссылкой на нас, некоторых членов Политбюро, о возможности его переезда в Москву».

Организовать консультацию не представляло труда, так как тесно связанный с нами начальник 4-го управления Министерства здравоохранения УССР, профессор К. С. Терновой, уже обращался с такой просьбой. После консультации, которая состоялась на дому у Щербицкого, он пригласил нас к себе на дачу в окрестностях Киева.

Был теплый день, и мы вышли погулять в парк, окружавший дачу. Получилось так, что мы оказались вдвоем со Щербицким. Я рассказал ему о состоянии здоровья Брежнева и изложил просьбу его друзей о возможном переезде в Москву. Искренне расстроенный Щербицкий ответил не сразу. Он долго молчал, видимо, переживая услышанное, и лишь затем сказал: «Я догадывался о том, что вы рассказали. Но думаю, что Брежнев сильный человек и выйдет из этого состояния. Мне его искренне жаль, но в этой политической игре я участвовать не хочу».

Вернувшись, я передал Андропову разговор со Щербицким. Тот бурно переживал и возмущался отказом Щербицкого. «Что же делать? — не раз спрашивал Андропов, обращаясь больше к самому себе. — Подгорный может рваться к власти». Политически наивный, не разбирающийся в иерархии руководства, во внутренних пружинах, управляющих Политбюро, я совершенно искренне, не задумываясь, заметил: «Юрий Владимирович, но почему обязательно Подгорный? Неужели не может быть другой руководитель — вот вы, например?» «Больше никогда и нигде об этом не говорите, еще подумают, что это исходит от меня, — ответил Андропов. — Есть Суслов, есть Подгорный, есть Косыгин, есть Кириленко. Нам надо думать об одном: как поднимать Брежнева. Остается одно — собрать весь материал с разговорами и мнениями о его болезни, недееспособности, возможной замене. При всей своей апатии лишаться поста лидера партии и государства он не захочет, и на этой политической амбиции надо сыграть».

Конечно, Андропов в определенной степени рисковал. Только что подозрительный Брежнев отдалил от себя одного из самых преданных ему лиц — своего первого помощника Г. Э. Цуканова. Говорили, что сыграли роль наветы определенных лиц, и даже определенного лица. Сам Георгий Эммануилович говорил, что произошло это не без участия Н. Я и сегодня не знаю, чем была вызвана реакция Брежнева. Но то, что у больного Брежнева появилась подозрительность, было фактом.

К моему удивлению, план Андропова удался. При очередном визите я не узнал Брежнева. Прав был Щербицкий, говоря, что он сильный человек и может «собраться». Мне он прямо сказал: «Предстоит XXV съезд партии, я должен хорошо на нем выступить и должен быть к этому времени активен. Давай, подумай, что надо сделать».

Первое условие, которое я поставил — удалить из окружения Н., уехать на время подготовки к съезду в Завидово, ограничив круг лиц, которые там будут находиться, и, конечно, самое главное — соблюдать режим и предписания врачей.

Сейчас я с улыбкой вспоминаю те напряженные два месяца, которые потребовались нам для того, чтобы вывести Брежнева из тяжелого состояния. С улыбкой, потому что некоторые ситуации, как, например, удаление из Завидова медицинской сестры Н., носили трагикомический характер. Конечно, это сегодняшнее мое ощущение, но в то время мне было не до улыбок. Чтобы оторвать Н. от Брежнева, был разработан специальный график работы медицинского персонала. Н. заявила, что не уедет, без того чтобы не проститься с Брежневым. Узнав об этом, расстроенный начальник охраны А. Рябенко сказал мне: «Евгений Иванович, ничего из этой затеи не выйдет. Не устоит Леонид Ильич, несмотря на все ваши уговоры, и все останется по-прежнему». Доведенный до отчаяния сложившейся обстановкой, я ответил: «Александр Яковлевич, прощание организуем на улице, в нашем присутствии. Ни на минуту ни вы, ни охрана не должны отходить от Брежнева. А остальное я беру на себя».

Кавалькада, вышедшая из дома навстречу Н., выглядела, по крайней мере, странно. Генерального секретаря я держал под руку, а вокруг, тесно прижавшись, шла охрана, как будто мы не в изолированном от мира Завидове, а в городе, полном террористов. Почувствовав, как замешкался Брежнев, когда Н. начала с ним прощаться, не дав ей договорить, мы пожелали ей хорошего отдыха. Кто-то из охраны сказал, что машина уже ждет. Окинув всех нас, стоящих стеной вокруг Брежнева, соответствующим взглядом, Н. уехала. Это было нашим первым успехом.

* * *

То ли политические амбиции, о которых говорил Андропов, то ли сила воли, которая еще сохранялась у Брежнева, на что рассчитывал Щербицкий, но он на глазах стал преображаться. Дважды в день плавал в бассейне, начал выезжать на охоту, гулять по парку. Дней через десять он заявил: «Хватит бездельничать, надо приглашать товарищей и садиться за подготовку к съезду».

Зная его истинное состояние, мы порекомендовали ему не делать длинного доклада, а, раздав текст, выступить только с изложением основных положений. Он ответил так, как тогда отвечали многие руководители: «Такого у нас еще не было, есть сложившийся стиль партийных съездов, и менять его я не намерен. Да и не хочу, чтобы кто-то мог подумать, что я немощный и больной».

24 февраля 1976 года 5 тысяч делегатов XXV съезда партии бурно приветствовали своего Генерального секретаря.

Доклад продолжался более четырех часов, и только небольшая группа — его лечащий врач М. Косарев, я да охрана знали, чего стоило Брежневу выступить на съезде. Когда в перерыве после первых двух часов выступления мы пришли к нему в комнату отдыха, он сидел в прострации, а рубашка была настолько мокрая, как будто он в ней искупался. Пришлось ее сменить. Но мыслил он четко и, пересиливая себя, даже с определенным воодушевлением, пошел заканчивать свой доклад.

Конечно, даже неискушенным взглядом было видно, что Брежнев уже не тот, который выступал на XXIV съезде партии. Появились дизартрия, вялость, старческая шаркающая походка, «привязанность» к тексту, характерные для человека с атеросклерозом мозговых сосудов.

Но для большинства партийного актива, присутствовавшего на съезде, главное было то, что, несмотря на все разговоры и домыслы, Генеральный секретарь на трибуне, излагает конкретные предложения, рассказывает об успехах внешней политики, предлагает новые подходы, а это значит, что жизнь будет идти по-прежнему, не будет больших перемен и можно быть спокойным за свое личное будущее.

И зазвучали речи, в которых восхвалялась мудрость партийного руководства, прозорливость Генерального секретаря. Даже в выступлениях тех, кто в дальнейшем поддерживал демократические изменения в партии и стране, зазвучали слова преклонения перед гением Брежнева.

Из выступления Э. А. Шеварднадзе: «Продолжая разговор о личности руководителя, хочу сказать несколько слов о Политбюро ЦК КПСС и о товарище Леониде Ильиче Брежневе. Слово о Генеральном секретаре Центрального Комитета партии — это вовсе не похвальное слово его личности, а сугубо партийный, деловой съездовский разговор. Вопрос этот принципиальный. Стараясь, хотя бы в общих чертах, передать его политические, интеллектуальные, деловые, человеческие качества, мы хотим тем самым, по крайней мере, как говорят художники, эскизно обрисовать портрет лидера нашей партии и народа, виднейшего политического деятеля современного мира, на примере которого мы должны воспитывать себя и других, которому мы должны во всем следовать, у которого необходимо учиться нам трудиться по-ленински, мыслить по-ленински, жить по-ленински.

В старину говорили, что чем чище небо, тем выше можно взлететь, тем большую силу обретают крылья. Леонид Ильич Брежнев, его славные соратники и вся наша партия создают это чистое и безоблачное небо над нами, создают атмосферу, когда люди всем своим существом устремляются ввысь, в чистое небо, к прозрачным, светлым вершинам коммунизма».

Не сами ли мы вот такими выступлениями породили «феномен Брежнева»? Не сами ли мы создали тот ореол гениального руководителя, в который в то же время никто не верил? Не сами ли мы своим подхалимством позволили Брежневу уверовать в свое величие и непогрешимость? Вероятно, только у нас вот так могут создавать себе кумиров, которых потом сами же чуть не проклинают, но терпят до конца.

* * *

Что я четко уяснил из сложных политических коллизий, прошедших на моих глазах, так это то, что ради пользы страны и народа руководитель не должен оставаться на своем посту более десяти лет.

Уйди Брежнев с поста лидера в 1976 году, он оставил бы после себя хорошую память. Один из умных людей из его окружения в шутку сказал на это: «Даже по наградам». К этому времени у него не было еще ордена «Победы», да и медалей Героя было всего две. Скромно по тем временам, если учесть, что у Н. С. Хрущева их было три. Но судьба сыграла злую шутку со страной и партией. Она оставила еще почти на 7 лет больного лидера, терявшего не только нити управления страной, но и критическую оценку ситуации в стране и в мире, а самое главное, критическое отношение к себе, чем поспешили воспользоваться подхалимы, карьеристы, взяточники, да и просто бездельники, думавшие только о своем личном благополучии.

Несомненно, большое значение имел и тот факт, что Брежнев лишился внутри страны политических противников. Он не забыл предсъездовской активности Подгорного и с помощью своего ближайшего окружения — Устинова, Андропова, Кулакова и начавшего набирать силу Черненко — нанес удар по нему и Полянскому на съезде. Как правило, состав ЦК предопределялся до съезда, прорабатывались и создавались определенные механизмы выборов, которые, в частности, обеспечивали почти единогласное избрание в состав ЦК членов Политбюро. На сей раз два члена Политбюро — Подгорный и Полянский — получили большое количество голосов «против», которое должно было отражать негативное отношение к ним значительной группы делегатов съезда. Стало ясным, что создается мнение в партийных кругах, что широкие массы членов партии недовольны деятельностью этих двух членов Политбюро. Большинству было понятно, что в политической борьбе опять победил Брежнев, а дни Подгорного и Полянского в руководстве партии и страны сочтены.

Так в дальнейшем и оказалось. Через год, 16 июня 1977 года, вместо Подгорного Председателем Президиума Верховного Совета СССР избирают Л. И. Брежнева, который впервые объединил в одном лице руководство партией и государством. Вскоре послом в Японию уехал Полянский.

...Мы понимали, что напряжение съезда, работа на пределе сил не пройдут для Брежнева даром и что в ближайшее время следует ожидать «разрядки», которая может привести к глубоким изменениям в состоянии его здоровья и личности. Однако так, как это произошло — быстро, с необычной для него агрессией, — даже я не ожидал.

По сложившимся обычаям, после окончания съезда делегации областей и республик собирались на товарищеский ужин. Собралась и делегация Ставрополья, куда ее руководитель М. С. Горбачев пригласил и меня, входившего в ее состав. Встреча была оживленной, веселой, звучали тосты, поднимались бокалы с вином и рюмки с коньяком. Хорошее настроение человека, честно выполнившего свой профессиональный долг, было и у меня. Но где-то я ловил себя на том, что определенный горький осадок от всего пережитого есть, тем более что ни Брежнев, ни его окружение, которому удалось сохранить свою власть и положение, не сказали мне даже спасибо.

Я привык к тому времени к человеческой неблагодарности и спокойно относился к подобным ситуациям. Однако в этот вечер мне пришлось получить еще один урок.

Часов около 11 вечера, когда я вернулся домой, раздался звонок, и я услышал необычный, почему-то заикающийся голос Рябенко, который сказал, что со мной хотел бы поговорить Брежнев. Я ожидал слова благодарности, но вместо этого услышал труднопередаваемые упреки, ругань и обвинения в адрес врачей, которые ничего не делают для сохранения его здоровья, здоровья человека, который нужен не только советским людям, но и всему миру. Даже сейчас мне неприятно вспоминать этот разговор, в котором самыми невинными фразами было пожелание, чтобы те, кому следует, разобрались в нашей деятельности и нам лучше лечить трудящихся в Сибири, чем руководство в Москве. Последовало и дикое распоряжение, чтобы утром стоматологи из ФРГ, которые изготавливали ему один за другим зубные протезы, были в Москве. В заключение он сказал, чтобы ему обеспечили сон и покой.

Я понимал, что это реакция больного человека и что то, чего мы боялись, произошло — начался затяжной срыв. Но сколько можно терпеть? И ради чего? Андропов постоянно убеждает, что ради спокойствия страны, ради спокойствия народа и партии. А может быть, все это не так? Может быть, народу безразлично, кто будет его лидером? Может быть, это надо Андропову, Устинову, Черненко и другим из окружения Брежнева? Впервые у меня появились сомнения.

Несмотря на поздний час, я позвонил Андропову на дачу. Рассказав о разговоре, я заявил, что завтра же подам заявление о моей отставке, что терпеть незаслуженные оскорбления не хочу, да и не могу, что я достаточно известный врач и ученый, чтобы держаться, как некоторые, за престижное кресло. Андропов в первый момент не знал, что ответить на мою гневную и эмоциональную тираду, не знал, как отреагировать на мое возмущение. Он начал меня успокаивать, повторяя неоднократно, что надо быть снисходительным к больному человеку, что угрозы Брежнева наигранны, потому что он уже не может обходиться без нас, понимает, что мы — его единственное спасение. Видимо, понимая мое состояние, начал опять говорить о наших больших заслугах в восстановлении здоровья Брежнева, который вопреки всем прогнозам смог провести съезд. Но я уже ничему не верил. Часа через полтора, уже ночью, видимо, поговорив еще с кем-то, он позвонил снова. «Я говорю не только от своего имени, но и от имени товарищей Леонида Ильича. Мы понимаем вашу обиду, понимаем, как вам тяжело, но просим остаться, так как никто лучше вас Брежнева не знает, никому, что бы он ни говорил, он так, как вам, не доверяет». И заключил: «И это моя личная большая просьба». Не знаю, что на меня подействовало — может быть, тон разговора с Андроповым, может быть, прошла первая реакция, но я успокоился и ответил ему, что нам надо встретиться, потому что Брежнев вступил в полосу таких непредсказуемых изменений функции центральной нервной системы, из которой уже вряд ли когда-нибудь выйдет.

***

Именно с этого времени — времени после XXV съезда партии — я веду отсчет недееспособности Брежнева как руководителя и политического лидера страны, и в связи с этим — нарождающегося кризиса партии и страны.

Он усугубился несчастьем, которое произошло в том же, 1976 году. Оно имело большее значение, чем уход с политической арены Подгорного. Случилось оно в воскресенье, 1 августа. Стоял прекрасный летний день, и я, пользуясь свободным временем, решил съездить за город, где в двадцати минутах езды у меня был небольшой финский дом. После обеда раздался звонок, сейчас уже не помню откуда, и взволнованный голос сообщил, что только что перевернулась лодка, в которой находился Косыгин, его едва удалось спасти, и сейчас он находится в тяжелом состоянии в военном госпитале в Архангельском, вблизи места, где произошел инцидент. Это недалеко от моего дома, и уже через 20 минут я был в госпитале.

Оказалось, что Косыгин, увлекавшийся академической греблей, отправился на байдарке-одиночке. Как известно, ноги гребца в байдарке находятся в специальных креплениях, и это спасло Косыгина. Во время гребли он внезапно потерял ориентацию, равновесие и перевернулся вместе с лодкой. Пока его вытащили, в дыхательные пути попало довольно много воды. Когда я увидел его в госпитале, он был без сознания, бледный, с тяжелой одышкой. В легких на рентгеновском снимке определялись зоны затемнения. Почему Косыгин внезапно потерял равновесие и ориентацию? Было высказано предположение, что во время гребли у него произошло нарушение кровообращения в мозгу с потерей сознания, после чего он и перевернулся. Наш ведущий невропатолог академик Е. В. Шмидт и нейрохирург академик А. Н. Коновалов полностью подтвердили этот диагноз, а затем он был уточнен и объективными методами исследования. К счастью, разорвался сосуд не в мозговой ткани, а в оболочках мозга, что облегчало участь Косыгина и делало более благоприятным прогноз заболевания.

Как бы там ни было, но самой судьбой был устранен еще один из возможных политических оппонентов Брежнева. Теперь ему уже некого было опасаться. Он и не скрывал своих планов поставить вместо Косыгина близкого ему Тихонова, с которым работал еще в Днепропетровске. Косыгин находился еще в больнице, когда 2 сентября 1976 года появился указ о назначении Тихонова первым заместителем Председателя Совета Министров СССР, и он начал руководить Советом Министров, хотя продолжал работать другой первый заместитель Председателя, к тому же член Политбюро, — К. Т. Мазуров.

Сильный организм Косыгина, проводившееся лечение, в том числе разработанный комплекс восстановительной терапии, позволили ему довольно быстро не только выйти из тяжелого состояния, но и приступить к работе. Но это был уже не тот Косыгин, смело принимавший решения, Косыгин — борец, отстаивающий до конца свою точку зрения, четко ориентирующийся в развитии событий. После ухода в 1978 году на пенсию К. Т. Мазурова остался лишь один первый заместитель Председателя Совета Министров — Тихонов, который активно забирал власть в свои руки, пользуясь прямыми связями с Брежневым. Это был человек Брежнева, преданный ему до конца. Но и по масштабам знаний, и по организаторским возможностям ему было далеко до Косыгина. Экономика страны потеряла своего талантливого руководителя.

В этот период на политическую арену активно выходит Черненко. Для многих в стране, да и в окружении Брежнева, его быстрый взлет на самые первые позиции в руководстве партии был неожиданностью. Однако, если исходить из нарастающей недееспособности Брежнева, которому в связи с этим требовался честный, преданный и ответственный человек, в определенной степени второе «я», то лучшей фигуры, чем Черненко, трудно было себе представить. Его пытаются изобразить простым канцеляристом, оформлявшим документы. Это глубокое заблуждение. Да, он не был эрудитом, не имел он и своих идей или конструктивных программ. Ему было далеко не только до Андропова или Косыгина, но даже до догматика Суслова. Но вряд ли кто-нибудь лучше, чем он, мог обобщить коллективное мнение членов Политбюро, найти общий язык в решении вопроса с людьми прямо противоположных взглядов — Андроповым и Сусловым, Устиновым и Косыгиным. Но самое главное, благодаря чему он всплыл на поверхность, было то, что никто лучше него не понимал, чего хочет Брежнев, и никто лучше Черненко не мог выполнить его пожелания или приказания.

Надо сказать, что делал это Черненко подчеркнуто ответственно; любой, даже самый мелкий вопрос окружал ореолом большой государственной значимости. Вспоминаю, как он гордился, составив с группой консультантов небольшое заключительное выступление Брежнева на XXV съезде, где, кроме нескольких общих фраз, ничего не было.

Очень часто у нас пытаются связать восхождение к власти с интересами и поддержкой определенных политических групп. Если это можно сказать о Брежневе, то восхождение к руководству и Андропова, и в большей степени Черненко определялось сложившейся ситуацией. Но если приход Андропова к руководству означал новый курс, новые веяния, новые подходы, то мягкий, нерешительный, далекий от понимания путей развития страны и общества Черненко вряд ли мог что-нибудь принести народу. Справедливости ради надо сказать, что при всем при том он был добрый человек, готовый по возможности помочь, если это не шло вразрез с его интересами и интересами Брежнева.

В ноябре 1978 года Черненко становится членом Политбюро. Брежнев, конечно, с подачи Андропова, продолжал укреплять свои позиции. Еще ранее министром обороны назначается его ближайший друг Устинов, который вскоре тоже вошел в состав Политбюро. Наконец, в ноябре 1979 года членом Политбюро избирается Тихонов. Теперь Брежнев мог жить спокойно, не опасаясь за свое положение в партии и государстве.

* * *

Складывающаяся ситуация, как это ни парадоксально, способствовала прогрессированию болезни Брежнева. Уверовав в свою непогрешимость и незаменимость, окруженный толпой подхалимов, увидев, что дела идут и без его прямого вмешательства, и не встречая не только сопротивления, но и видимости критики, он переложил на плечи своих помощников по Политбюро ведение дел, полностью отмахнулся от наших рекомендаций и стал жить своей странной жизнью. Жизнью, которая складывалась из 10—12 часов сна, редких приемов делегаций, коротких, по 2 часа, заседаний Политбюро один раз в неделю, поездок на любимый хоккей, присутствия на официальных заседаниях. Я не помню, чтобы я застал его за чтением книги или какого-нибудь «толстого» журнала. Из прошлого режима он сохранил лишь привычку по утрам плавать в бассейне да выезжать в Завидово на охоту.

Вновь, как и раньше, при малейшем психоэмоциональном напряжении, а иногда и без него, он начинал употреблять успокаивающие средства, которые доставал из разных источников. Они способствовали прогрессированию процессов старения, изменениям центральной нервной системы, ограничению его активности. Понимая, что Брежнев уже недееспособен, во время одной из наших встреч я сказал Андропову, что вынужден информировать Политбюро о его состоянии, ибо не могу взять на себя ответственность за будущее Брежнева и партии. К удивлению, в отличие от прошлого, Андропов со мной согласился, попросив только «не сгущать краски». Видимо, настолько изменилась политическая ситуация и обстановка в Политбюро, что Андропов уже не боялся за положение Брежнева, а значит, и за свое будущее.

Трудно вспомнить сегодня, сколько официальных информации о состоянии здоровья Брежнева мы направили в Политбюро за последние 6 — 7 лет его жизни. Возможно, они еще хранятся в каких-то архивах. Однако спокойствие Андропова было обоснованным — ни по одному письму не было не то что ответной реакции, но никто из членов Политбюро не проявил даже минимального интереса к этим сведениям. Скрывать немощь Генерального секретаря стало уже невозможным. Но все делали «хорошую мину при плохой игре», делая вид, как будто бы ничего с Брежневым не происходит, что он полон сил и активно работает.

Взять хотя бы случай, который Э. Герек описал в своих «Воспоминаниях», — выступление Брежнева в октябре 1979 года на праздновании 30-летия ГДР. Он памятен для меня по целому ряду обстоятельств. В начале октября, когда Брежнев должен был выехать в ГДР во главе делегации, проходил Всесоюзный съезд кардиологов, на котором предполагалось избрать меня председателем правления (президентом) этого общества. Мы заранее договорились с Брежневым, что, в связи с моим участием в работе съезда, я не поеду в Берлин. Однако за три дня до отъезда он впал в состояние такой астении, что почти не вставал с постели, и сама поездка стала проблематичной. Нам стоило больших трудов активизировать его. Андропов, учитывая сложившуюся ситуацию, попросил меня оставить съезд, на котором я уже председательствовал, и выехать в Берлин.

Первое испытание для нас выпало в первый же день, когда Брежнев должен был выступить с докладом на утреннем заседании, посвященном 30-летию ГДР. Для того чтобы успокоиться и уснуть, он вечером, накануне выступления, не оценив своей астении, принял какое-то снотворное, которое предложил ему кто-то из услужливых друзей. Оно оказалось для него настолько сильным, что, проснувшись утром, он не мог встать. Когда я пришел к нему, он, испуганный, сказал только одно: «Евгений, я не могу ходить, ноги не двигаются». До его доклада оставался всего час. Мы делали все, чтобы восстановить его активность, но эффекта не было. Кавалькада машин уже выстроилась у резиденции, где мы жили. Громыко и другие члены делегации вышли на улицу и нервничали, боясь опоздать на заседание. Мы же ничего не могли сделать — не помогали ни лекарственные стимуляторы, ни массаж.

Я предложил, чтобы делегация выехала на заседание и, если через 30 минут мы не появимся, принимала решение о дальнейших действиях. Нервное напряжение достигло апогея. Наконец вместе с охраной, которая переживала ситуацию не меньше нас, врачей, мы решили вывести Брежнева на улицу, в сад, и попытаться заставить его идти. Удивительные от природы силы были заложены в организме Брежнева. Из дома мы его в буквальном смысле вынесли, когда же его оставили одного и предложили ему идти, он пошел самостоятельно, сел в машину, и мы поехали на заседание.

Истинное состояние Брежнева на заседании знали только я и начальник охраны правительства Ю. В. Сторожев. Ответственный и честный человек, он не меньше меня переживал ту ситуацию, в которой мы оказались, и попросил немецких друзей проследить за Брежневым, когда он будет выходить на трибуну. Мы сидели вдали от него и ничем ему помочь не могли.

Герек описывает, как он вместе с немецкими товарищами помог Брежневу выйти на трибуну. Он пишет, что впоследствии ему через посла был выражен официальный протест в связи с его желанием помочь Брежневу подняться. Я бы выразил ему благодарность, потому что не уверен, смог ли бы вообще встать Брежнев со стула без посторонней помощи.

Тридцать минут выступления Брежнева мы сидели как на углях — выдержит он или не выдержит? К счастью и к моему удивлению, все закончилось благополучно. Но, я думаю, и у меня, и у Сторожева, и у всех, кто вместе с нами пережил этот тяжелейший момент визита, память о нем должна была остаться либо еще одним седым волосом, либо еще одной отметкой на сердце или сосуде.

В ходе визита были и другие моменты, указывающие на немощь Брежнева, — было перенесено из-за него начало торжественного шествия; с официального обеда он, сославшись на мои пожелания, которых на самом деле я не высказывал, ушел раньше, чем он закончился. Громыко и другие члены делегации были свидетелями всех этих печальных ситуаций, но ни один из них, вернувшись в Москву, словом не обмолвился о том, что происходило в Берлине.

* * *

Можно было бы много говорить об информированности различных кругов советского общества о той ситуации, которая складывалась в конце 70-х — начале 80-х годов, говорить о начавшемся разложении общества, когда на махинации, приписки к выполненным работам, коррупцию, мелкое воровство стали смотреть как на неизбежное зло. Была единственная организация, которую боялись и которая сохранила, больше благодаря своему руководству, бескорыстное служение тому государственному строю, который ее породил. Это был КГБ, защищавший идеи социализма, единство многонационального государства и существовавшие порядки. Эта организация не только контролировала жизнь общества, но и регулировала общественное мнение, в том числе и путем подавления идей, не совместимых с идеями социализма или существующего государственного строя. Эта многоликая и могущественная организация, подчинявшаяся через Андропова только Брежневу, предопределяла не только решение многих вопросов, но и в определенной степени жизнь общества.

Защита имени Брежнева, его престижа была одной из важных задач этой организации. И, видимо, она успешно справлялась с этой задачей, если на протяжении многих лет общество не знало об истинном состоянии дел в руководстве страны и терпело, а в какой-то степени и сочувствовало больному лидеру страны.

Такой же защитой и созданием определенного образа мудрого руководителя страны, тесно связанного с народом, занимался и мощный пропагандистский аппарат КПСС. Вспомним тот искусственно созданный бум, захвативший не только простых людей, но и представителей творческой интеллигенции после выхода в свет в 1978 году так называемых воспоминаний Брежнева «Малая Земля», «Возрождение» и «Целина». Я совершенно случайно узнал, что готовится издание таких «воспоминаний». Однажды в разговоре Брежнев сказал, что будет очень занят, так как с товарищами должен поработать над материалами воспоминаний. «Товарищи убедили меня, — продолжал он, — опубликовать воспоминания о пережитом, о работе, войне, партии. Это нужно народу, нужно нашей молодежи, воспитывающейся на примере отцов». «Товарищи убедили» — это я слышал от него не раз, когда он получал либо орден, либо Золотую Звезду Героя, либо звание маршала.

Сейчас речь шла о книге. В принципе нет ничего зазорного в том, что руководитель такого ранга, как Брежнев, издает мемуары — он многое видел, встречался со многими интересными людьми, он непосредственный свидетель важнейших событий в жизни страны и мира. Вопрос только в том, как создаются эти мемуары, какой характер они носят и как они воспринимаются. Мемуары Брежнева создавались в период, когда у него в значительной степени отсутствовала способность к критической самооценке и когда карьеристы и подхалимы внушили ему веру в его величие и непогрешимость.

Над мемуарами трудилась группа журналистов, среди которых я знал В. И. Ардаматского и В. Н. Игнатенко, работавшего затем помощником президента М. С. Горбачева по связям с прессой. Воспоминания, может быть, представляющие интерес с точки зрения оценки истории, в литературном отношении оказались серенькими и скучными. Но и это было бы полбеды, если бы не созданная ответственными работниками ЦК обстановка своеобразной истерии вокруг книги, вызвавшей обратную реакцию в народе. Воспоминания читались по радио и телевидению, изучались в школах и институтах, в системе партийного просвещения. Те, кто заронил в сознание больного Брежнева мысль об издании мемуаров в том виде, в котором они были опубликованы, сыграли с ним злую шутку. Брежнев воспринимал весь ажиотаж как истинное признание его литературных заслуг. Да и как было иначе воспринимать человеку с пониженной самокритикой высказывания, например, секретаря правления Союза писателей СССР В. А. Коротича (позже в годы «перестройки» являвшегося редактором журнала «Огонек»), опубликованные в журнале «Политическое самообразование»:

«Воспоминания» Леонида Ильича Брежнева — книга удивительно своевременная. Впервые изданная в дни, когда вокруг советской страны особенно энергично возбуждали целый океан недружелюбия, когда все те силы, что до сих пор еще не простили нам Октябрь, стремились в очередной раз скомпрометировать и унизить завоевания Революции, вышла честная и точно адресованная книга Леонида Ильича Брежнева, сразу же прозвучавшая на весь мир...

...На наших рабочих столах лежит новая, очень злободневная и точная книга Леонида Ильича Брежнева. Адресованная нам с вами, она не случайно вызвала такой интерес во всем мире. Глава наших государства и партии с самого начала вспоминает свой жизненный путь; уроки этого пути поучительны и незаурядны». (Текст цитируется по факсимильному оригиналу рукописи.)

Конечно, здравомыслящий руководитель и критически мыслящий человек без труда распознал бы в подобных приветствиях и обращениях (а он их получал сотнями) обычное проявление подхалимства, которым, к сожалению, бывала тогда богата не только «чиновничья» среда, но и среда творческой интеллигенции. И конечно, он не позволил бы присуждать себе, да еще под «барабанный бой прессы и телевиде-

ния» Ленинскую премию в области литературы за не созданное им (к тому же слабое) произведение. Но Брежнев в этот
период уже не мог реально оценивать ни обстановку, ни свои
действия.

Только этим можно объяснить продвижение, с подачи
подхалимов и некоторых членов семьи, своих близких родственников и их друзей на руководящие должности. Не было
бы ничего плохого, если бы они выдвигались по своим заслу-
гам, таланту или организаторским способностям. Однако уровень общего развития и знаний у большинства из них был таков, что их продвижение по служебной лестнице вызывало у
большинства недоумение, улыбку и скептицизм. Все это рико-
шетом ударяло по престижу Брежнева. Было, например, обра-
зовано надуманное Министерство машиностроения для животноводства и кормопроизводства, которое возглавил сво-
як Брежнева — К. Н. Беляк. А разве соответствовал по своим
знаниям и способностям должности первого заместителя министра внешней торговли сын Брежнева? О зяте — Чурбано-
ве — написано столько, что нет необходимости еще раз говорить об этой одиозной фигуре.

Нам, врачам, с каждым годом становилось все труднее и труднее поддерживать в Брежневе даже видимость активного и разумного руководителя. Его центральная нервная система была настолько изменена, что даже обычные успокаивающие средства являлись для него сильнодействующими препаратами. Все наши попытки ограничить их прием были безуспешными благодаря массе «доброжелателей», готовых выполнить любые просьбы Генерального секретаря. Были среди них и Черненко, и Тихонов, и многие другие из его окружения. И это при том, что по нашей просьбе Андропов предупредил их всех о возможной опасности применения любых подобных средств Брежневым.

Сам Андропов очень хорошо вышел из положения. По нашему предложению, он передавал вместо лекарств точные по внешнему виду «пустышки», которые специально изготавливались. В самом сложном положении оказался заместитель Андропова С. Цвигун. Брежнев, считая его своим близким и доверенным человеком, изводил его просьбами об успокаивающих средствах. Цвигун метался, не зная, что делать — и отказать невозможно, и передать эти средства — значит, усугубить тяжесть болезни. А тут еще узнавший о ситуации Андропов предупреждает: «Кончай, Семен, эти дела. Все может кончиться очень плохо. Не дай Бог, умрет Брежнев даже не от этих лекарств, а просто по времени совпадут два факта. Ты же сам себя проклинать будешь».

В январе 1982 года после приема безобидного ативана у Брежнева развился период тяжелой астении. Как рассказывал Андропов, накануне трагического 19 января он повторил свое предупреждение Цвигуну. Днем 19 января я был в больнице, когда раздался звонок врача нашей «Скорой помощи», который взволнованно сообщил, что, выехав по вызову на дачу, обнаружил покончившего с собой Цвигуна. Врач был растерян и не знал, что делать в подобной ситуации. Сообщение меня ошеломило. Я хорошо знал Цвигуна и никогда не мог подумать, что этот сильный, волевой человек, прошедший большую жизненную школу, покончит жизнь самоубийством.

Я позвонил Андропову и рассказал о случившемся. По его вопросам я понял, что это было для него такой же неожиданностью, как и для меня. Единственное, о чем он попросил, чтобы мы никого не информировали, особенно органы МВД (зная отношения в то время МВД и КГБ, мы не собирались этого делать), сказал, что срочно будет направлена следственная группа, с которой и надо нашим товарищам решать все формальные вопросы.

Как мне показалось, Брежнев, или в силу сниженной самокритики, или по каким-то другим причинам, более спокойно, чем Андропов, отнесся к этой трагедии. К этому времени это был уже глубокий старик, отметивший свое 75-летие, сентиментальный, мягкий в обращении с окружающими, в какой-то степени «добрый дедушка». Как и у многих стариков с выраженным атеросклерозом мозговых сосудов, у него обострилась страсть к наградам и подаркам.

Он спокойно, без больших волнений пережил период XXVI съезда партии. Поддержанный всем Политбюро, да и большинством партийных руководителей, курс «на стабильность кадров» сохранил во главе партии и государства недееспособного лидера. В стране складывалась все более неопределенная ситуация, и большинство понимали, что все держится на фигуре дряхлого, больного Брежнева и что его уход из жизни может вызвать непредсказуемые последствия.

* * *

В этот период, внешне незаметно, начали складываться две группы, которые могли в будущем претендовать на руководство партией и страной. Одна — лидером которой был Андропов, вторая — которую возглавлял Черненко. Начало противостояния этих двух групп я отношу к периоду непосредственно после смерти Суслова. И партия, и народ спокойно восприняли потерю второго человека в партии — Суслова. Многие совершенно справедливо считали, что с его именем связан не только догматизм, процветавший в партии, но и консерватизм, пронизывавший не только жизнь общества, но и все сферы государственной деятельности. Если бы меня спросили, кого из литературных героев он напоминает мне по складу характера, принципам и человеческим качествам, то я бы, не задумываясь, ответил: персонажа из рассказа А. П. Чехова «Человек в футляре», учителя Беликова. Сходство даже не только в том, что Суслов долгое время ходил, как и Беликов, в калошах, любил длинные пальто старых моделей, а в основном принципе, которого всегда придерживался, — «так не может быть, потому что так не было».

Первый раз я столкнулся с ним в начале 1970 года, когда шла подготовка к празднованию 100-летия со дня рождения В. И. Ленина. Из каких-то источников Суслов, возглавлявший подготовку к празднованию юбилея, узнал, что будто бы некоторые антисоветские круги за рубежом хотят организовать провокацию путем публикации фальшивки, доказывающей, что В. И. Ленин страдал сифилисом и что это явилось причиной его ранней инвалидности и смерти. Подобная фальшивка была разоблачена еще в 20-е годы врачами, которые лечили Ленина. Только присущей Суслову перестраховкой можно объяснить его просьбу ко мне — вместе с ведущими учеными страны и теми, кто знает этот вопрос, подготовить и опубликовать материалы об истинных причинах болезни и смерти Ленина. Это должно было, по его мнению, предупредить различного рода инсинуации в отношении болезни первого главы Советского государства.

Первая трудность, с которой мне пришлось столкнуться, — найти материалы, связанные с ранением Ленина эсеркой Каплан в 1918 году, истории его болезни, заключения ведущих западных (в основном австрийских и немецких) профессоров, дневники, которые вел медицинский персонал. По моей просьбе мне было предоставлено право пользоваться любыми архивами в нашей стране. Оказалось, что после 1924 года, года смерти Ленина, никто не интересовался подобными материалами.

Наибольший интерес представляли архивы Института марксизма-ленинизма. Пожилая женщина-архивариус, небольшого роста, по внешнему виду типичная представительница старой гвардии большевиков, была неподдельно удивлена, когда руководство института попросило ее помочь мне в моих поисках. «Вот уж никогда не думала, что кому-нибудь когда-нибудь они могут понадобиться. Пойдемте, посмотрим, есть у меня один шкафчик, по-моему, в нем можно для вас кое-что найти». Каково же было мое удивление, когда в старом, запылившемся двустворчатом книжном шкафу мы нашли не только некоторые истории болезни, дневник, который постоянно вел фельдшер, но и гистологические препараты сосудов, сделанные после смерти Ленина. Эти препараты представляли для нас колоссальный интерес, ибо мы сами могли оценить характер патологического процесса, приведшего к смерти.

Проблем с установлением причин болезни и смерти Ленина у нас не оказалось. Клинические материалы, гистологические препараты, заключения специалистов в период болезни я представил ведущим ученым нашей страны, таким, как невропатолог академик медицины Е. В. Шмидт, патологоанатом академик медицины А. И. Струков. Материалы и заключение о характере поражения мозга представил организатор и директор Института мозга академик медицины С. Саркисов. Этот институт был создан после смерти Ленина специально для изучения его мозга. Все единодушно подтвердили диагноз, установленный в 20-е годы, — атеросклероз сонных артерий, явившийся причиной повторных инсультов. С позиции данных, которые в это время были получены у нас в Кардиологическом центре, относительно ранний характер поражения сонной артерии мы связали со сдавливанием этого сосуда гематомой, образовавшейся после ранения, которую вовремя не удалили. Никаких указаний на возможное наличие сифилитических изменений в сосудах и мозгу не было. Изумляло другое — обширность поражений мозговой ткани при относительно сохранившихся интеллекте, самокритике и мышлении.

Мы высказали предположение, что возможности творческой работы Ленина после перенесенного инсульта были связаны с большими компенсаторными свойствами его мозга. Такое заключение было подписано также и бывшим тогда министром здравоохранения СССР Б. В. Петровским. Однако именно последнее предположение не только задержало публикацию интересного, даже с медицинской точки зрения, материала, но и вызвало своеобразную реакцию Суслова. Ознакомившись с заключением, он сказал: «Вы утверждаете, что последние работы Ленина были созданы им с тяжело разрушенным мозгом. Но ведь этого не может быть. Не вызовет ли это ненужных разговоров и дискуссий?» Мои возражения и доказательства колоссальных возможностей мозговой ткани он просто не принял и приказал подальше упрятать наше заключение.

Я уже стал забывать об этом материале, когда лет через 8 — 9 мне позвонил Андропов (видимо, это было после появления нашумевшей в то время пьесы М. Шатрова) и спросил, где хранятся история болезни Ленина и наше заключение. Оказывается, Суслов вспомнил о нем и просил уточнить у Андропова, не знакомили ли мы кого-то с нашими данными. Когда я ответил отрицательно, Андропов попросил, чтобы все материалы, касающиеся Ленина и Сталина, были переданы в ЦК. Он очень удивился, узнав, что в 4-м управлении нет никаких материалов о болезни и смерти ни того ни другого.

***

Первые встречи с Сусловым, его сухость, черствость, склонность к перестраховке и догматизм, которые сквозили во всех его высказываниях и делах, породили во мне трудно передаваемую словами антипатию. Она усугубилась, когда мне пришлось лечить его. В начале 70-х годов его доктор А. Григорьев пригласил меня и моего хорошего товарища, прекрасного врача, профессора В. Г. Попова на консультацию к

Суслову. Он жаловался на то, что при ходьбе уже через 200 — 300 метров, особенно в холодную погоду, у него появляются боли в левой руке, иногда «где-то в горле», как он говорил. На ЭКГ были изменения, которые вместе с клинической картиной не оставляли сомнений, что в данном случае речь идет об атеросклерозе сосудов сердца и коронарной недостаточности.

Трудно сказать, в силу каких причин — то ли присущего ему скептицизма в отношении медицины, то ли из-за опасения, существовавшего в ту пору у многих руководителей, что больного и старого легче списать в пенсионеры, — но Суслов категорически отверг наш диагноз и отказался принимать лекарства. Переубедить его было невозможно. Он считал, что боли в руке у него возникают не в связи с болезнью сердца, а из-за «больных сухожилий руки». Затяжные приступы заканчивались мелкоочаговыми изменениями в сердце. Мы стали опасаться, что из-за его упрямства мы его потеряем.

В эти годы я познакомился с очень интересным американским фармакологом и бизнесменом Х. Бергером, фирма которого «Этиклиз» начала производить новое средство для расширения сосудов сердца — нитронг. Препарат, который мы завезли в нашу страну, завоевал популярность и начал широко использоваться. Симпатичный, интеллигентный Бергер меньше всего производил впечатление напористого бизнесмена и по своим принципам и складу характера был ближе к нам, врачам. У нас с ним сложились дружеские отношения, и как-то, воспользовавшись ими, я попросил его изучить вопрос о возможности производства нитронга в виде мази. Сейчас на фармацевтическом рынке много таких препаратов. Тогда же это было ново.

Через какой-то промежуток времени Х. Бергер сообщил мне, что препарат, который мы просили, — нитронг-мазь — удалось получить. Ни Бергер, создавая мазь, ни врачи, которые ее начали применять, не представляли, что моя просьба исходила из необходимости лечить Суслова. Мы решили обмануть его и, согласившись с его утверждением, что у него болит не сердце, а сухожилия и сустав руки, рекомендовать ему новую хорошую мазь, которую он должен втирать в больную руку.

Эффект превзошел наши ожидания. Боли в руке и за грудиной стали беспокоить Суслова значительно меньше. Довольный, он заявил нам: «Я же говорил, что болит не сердце, а рука. Стали применять мазь, и все прошло». Меня так и подмывало рассказать правду о препарате упрямцу Суслову, но сдерживала необходимость ради его здоровья и будущего приспосабливаться к его характеру и принципам. А нитронг-мазь, с нашей легкой руки, заняла в то время определенное место в лечении больных с коронарной недостаточностью.

Суслов с новым препаратом чувствовал себя вполне удовлетворительно и умер не от болезни сердца, а из-за инсульта. Случилось это в больнице, куда он лег на несколько дней для диспансеризации. Когда днем мы были у него, он чувствовал себя вполне удовлетворительно. Вечером у него внезапно возникло обширное кровоизлияние в мозг. Мы все, кто собрался у постели Суслова, понимали, что дни его сочтены, учитывая не только обширность поражения, но и область мозга, где произошло кровоизлияние. Так и оказалось. Через 3 дня Суслова не стало. Его смерть не могла не отразиться на жизни партии и страны. Суть даже не в том, что ушел человек, олицетворявший старые, консервативные методы партийного руководства и верность партийной догме. Его уход из жизни остро поставил вопрос — кто придет на его место, кто станет вторым человеком в партии, а значит, и в стране?

Уверен, что у Брежнева не было колебаний в назначении на этот пост Андропова. И не только потому, что он был обязан ему, начиная с XXV съезда партии, сохранением своего положения Генерального секретаря и лидера страны, но и в связи с тем, что, несмотря на снижение критического восприятия, он прекрасно представлял, что в Политбюро нет кандидатуры более достойной, чем Андропов. Черненко, может быть, был и не менее, а может быть, и более предан Брежневу, но он не шел ни в какое сравнение с Андроповым по масштабности мышления, общему развитию, аналитическим и дипломатическим возможностям. Однако не все в Политбюро думали так же, как Брежнев. Когда я как-то в феврале, через месяц после смерти Суслова, спросил Андропова, почему не решается официально вопрос о его назначении, он ответил: «А вы что думаете, меня с радостью ждут в ЦК? Кириленко мне однажды сказал — если ты придешь в ЦК, то ты, глядишь, всех нас разгонишь».

* * *

Смерть Суслова впервые обозначила противостояние групп Андропова и Черненко. Начался новый, не заметный для большинства, раунд борьбы за власть. Ее трагичность заключалась в том, что боролись два тяжелобольных руководителя, и началась она в последний год жизни дряхлого лидера страны.

Мне кажется, что Андропов готовился заранее к такой борьбе. Он вместе с Устиновым сделал многое для выдвижения Горбачева, которого считал близким ему человеком. В какой-то мере я почувствовал это на себе в период XXVI съезда партии. Накануне его проведения, во время нашей встречи, он мне сказал: «Вас предполагают выдвинуть в члены ЦК. Я уверен, что проблем не будет, потому что в партии и народе вас хорошо знают». Андропов понимал, что мой голос, голос человека, длительное время связанного с ним не просто работой, а дружескими отношениями и сложными перипетиями жизни, в том числе и личной, будет за него. Позднее он мне рассказал, что, когда зашел разговор с Брежневым о введении меня в состав ЦК, тот выразил удивление, сказав при этом: «Ну что за человек Евгений. Столько он для меня сделал, один из самых близких, а ни разу ничего не попросил». Я, может быть, и не поверил бы Андропову, но жизнь подтвердила и то, что Брежнев не знал даже состава предлагаемого ЦК, и то, что он искренне говорил обо мне.

На XXVI съезде меня избрали кандидатом в члены ЦК КПСС. В те времена это значило уже многое. Исповедуя принцип, что самое главное для человека в жизни — профессионализм, его позиция в избранной им отрасли знаний, я спокойно отнесся к этому событию. Тем более что никогда, несмотря на предложения, не собирался посвящать себя политической деятельности и добиваться политической карьеры. Каково же было мое удивление, когда вечером мне позвонил Брежнев и сказал: «Поздравляю тебя, ты это заслужил. Но я-то хотел, чтобы ты был членом ЦК. Это все Капитонов напутал. Но все равно ты будешь членом ЦК». Не знаю, по каким причинам Капитонов перенес мою фамилию из списка членов ЦК, имеющих право голоса, в список кандидатов, не обладающих таким правом. Не думаю, что он боялся появления в ЦК еще одного голоса в пользу Андропова, хотя он и знал отношение того к себе. (После избрания Андропова Генеральным секретарем Капитонов был отстранен от руководства важным разделом работы ЦК — подбором кадров — и на его место был назначен Е. К. Лигачев.)

После съезда мой знакомый В. П. Орлов рассказывал мне, что, случайно оказавшись в кулуарах съезда вместе с Брежневым, слышал, как тот выговаривал Капитонову, что он без согласования с ним перевел меня из одного списка в другой.

В 1982 году на майском Пленуме ЦК, кстати, на котором наконец-то Андропов через 3 месяца после смерти Суслова был избран вторым секретарем ЦК, меня, как и говорил Брежнев, перевели из кандидатов в члены ЦК.

О ходе закулисной борьбы говорит не только факт довольно длительного отсутствия второго секретаря ЦК, но, например, и то, что Черненко добился назначения на важную ключевую должность председателя КГБ вместо ушедшего Андропова своего человека — В. В. Федорчука. Трудно сказать, как он апеллировал к Брежневу, но я точно знаю, что Андропов предлагал на свое место бывшего у него заместителем и тесно с ним связанного В. М. Чебрикова. Доказательством этого служит и тот факт, что буквально через несколько дней после прихода Андропова к власти Федорчук был переведен на место Щелокова, министра внутренних дел, которого Андропов просто ненавидел, а председателем КГБ стал Чебриков. Следует вспомнить и то, что через 10 дней после избрания Андропова Генеральным секретарем на пенсию был отправлен и Кириленко.

Приход Андропова в ЦК, на вторую позицию в партии, означал очень многое. Брежнев как бы определился с кандидатурой, которая в будущем могла бы его заменить. Сам он не думал оставлять своих позиций лидера и считал, что при верном и честном Андропове он может жить спокойно. Он еще создавал видимость активности, старался поддержать свое реноме руководителя социалистического лагеря.

По старой привычке летом 1982 года он еще принимал у себя на даче руководителей социалистических стран, и я даже удивлялся насыщенному календарю этих встреч: 30 июля он принимает Г. Гусака, 11 августа — Э. Хонеккера, 16 августа — В. Ярузельского, 20 августа — Ю. Цеденбала. Но эти встречи носят уже больше протокольный характер. Брежнев зачитывает заранее подготовленный текст, выслушивает своих собеседников, обедает с ними. У меня создавалось впечатление, что все понимали формальность этих обедов и встреч. Да и сам Брежнев говорил нам, что он тяготится этими встречами, но «так надо. Они же просят встретиться, отказать неудобно, да и нельзя, а то подумают, что я действительно тяжело болен».

Несмотря на свою дряхлость и наши опасения, он упрямо продолжал купаться не только в бассейне, но и в море, пытаясь доказать, как мне кажется, прежде всего себе, что он еще сохранил свою активность. Мы видели, как угасает Брежнев, и понимали, что трагедия может произойти в любое время. Исходя из этого, мы даже охрану обучили приемам реанимации, хотя и понимали, что, если у Брежнева остановится сердце, восстановить его деятельность будет невозможно.

* * *

А тем временем продолжалась атака на Андропова. Кто-то из его противников, не знаю кто — Черненко или Тихонов, который понимал, что в случае, если Андропов станет во главе партии и государства, он вряд ли долго удержится в кресле Председателя Совета Министров, использовал самый веский аргумент — тяжелую болезнь Андропова. В последних числах октября 1982 года, после встречи с кем-то из них, мне позвонил Брежнев и сказал: «Евгений, почему ты мне ничего не говоришь о здоровье Андропова? Как у него дела? Мне сказали, что он тяжело болен и его дни сочтены. Ты понимаешь, что на него многое поставлено и я на него рассчитываю. Ты это учти. Надо, чтобы он работал».

Понимая, что альтернативы Андропову в руководстве партии и страны нет, я ответил, что не раз ставил в известность и его, и Политбюро о болезни Андропова. Она действительно тяжелая, но вот уже 15 лет ее удается стабилизировать применяемыми методами лечения, и его работоспособности за этот период могли бы позавидовать многие здоровые члены Политбюро. «Я все это знаю, — продолжал Брежнев. — Видел, как он в гостях у меня не пьет, почти ничего не ест, говорит, что может употреблять пищу только без соли. Согласен, что и работает он очень много и полезно. Это все так. Но учти, ты должен сделать все возможное для поддержания его здоровья и работоспособности. Понимаешь, вокруг его болезни идут разговоры, и мы не можем на них не реагировать».

Вслед за этим мне позвонил взволнованный Андропов и рассказал, что его пригласил к себе Брежнев и очень долго расспрашивал о состоянии здоровья, самочувствии, работоспособности и в заключение сказал, что обязательно поговорит с Евгением (он меня всегда так называл) и потребует сделать все возможное для сохранения его здоровья.

Андропов опасался, что Брежнев, выражая заботу о нем, постарается выяснить все подробности его болезни, ее тяжесть, перспективы. «Вы постарайтесь развеять сомнения Леонида Ильича, — попросил он. — Я уверен, что кто-то под видом заботы хочет представить меня тяжелобольным, инвалидом».

Я ждал повторного звонка Брежнева, но до праздников он не позвонил. 7 ноября, как всегда, Брежнев был на трибуне Мавзолея, вместе с членами Политбюро приветствовал военный парад и демонстрацию. Чувствовал себя вполне удовлетворительно и даже сказал лечащему врачу, чтобы тот не волновался и хорошо отдыхал в праздничные дни.

10 ноября, после трех праздничных дней, я, как всегда, в 8 утра приехал на работу. Не успел я войти в кабинет, как раз-

дался звонок правительственной связи, и я услышал срывающийся голос Володи Собаченкова из охраны Брежнева, дежурившего в этот день. «Евгений Иванович, Леониду Ильичу нужна срочно реанимация», — только и сказал он по телефону. Бросив на ходу секретарю, чтобы «Скорая помощь» срочно выехала на дачу Брежнева, я вскочил в ожидавшую меня машину и под вой сирены, проскочив Кутузовский проспект и Минское шоссе, через 12 минут (раньше, чем приехала «Скорая помощь») был на даче Брежнева в Заречье.

В спальне я застал Собаченкова, проводившего, как мы его учили, массаж сердца. Одного взгляда мне было достаточно, чтобы увидеть, что Брежнев скончался уже несколько часов назад. Из рассказа Собаченкова я узнал, что жена Брежнева, которая страдала сахарным диабетом, встала в 8 часов утра, так как в это время медицинская сестра вводила ей инсулин. Брежнев лежал на боку, и, считая, что он спит, она вышла из спальни. Как только она вышла, к Брежневу пришел В. Собаченков, чтобы его разбудить и помочь одеться. Он-то и застал мертвого Брежнева. Вслед за мной приехали врачи «Скорой помощи», которые начали проводить в полном объеме реанимационные мероприятия. Для меня было ясно, что все кончено, и эта активность носит больше формальный характер.

Две проблемы встали передо мной — как сказать о смерти Брежнева его жене, которая только 30 минут назад вышла из спальни, где несколько часов лежала рядом с умершим мужем, и второе — кого и как информировать о сложившейся ситуации. Я не исключал, что телефоны прослушиваются, и все, что я скажу, станет через несколько минут достоянием либо Федорчука, либо Щелокова.

Я прекрасно понимал, что прежде всего о случившемся надо информировать Андропова. Он должен, как второй человек в партии и государстве, взять в свои руки дальнейший ход событий. На работе его еще не было, он находился в пути. Я попросил его секретаря, чтобы Андропов срочно позвонил на дачу Брежнева. Буквально через несколько минут раздался звонок. Ничего не объясняя, я попросил Андропова срочно приехать.

Тяжело было сообщать о смерти Брежнева его жене. Виктория Петровна мужественно перенесла известие о кончине мужа. Возможно, внутренне она была готова к такому исходу.

Появился взволнованный и растерянный Андропов, который сказал, что сразу после моего звонка догадался, что речь идет о смерти Брежнева. Он искренне переживал случившееся, почему-то суетился и вдруг стал просить, чтобы мы пригласили Черненко. Жена Брежнева резонно заметила, что Черненко ей мужа не вернет и ему нечего делать на даче. Я знал, что она считает Черненко одним из тех друзей, которые снабжали Брежнева успокаивающими средствами, прием которых был ему запрещен врачами. Может быть, это сыграло роль в тоне отрицательного ответа на предложение Андропова. Андропов попросил меня зайти вместе с ним в спальню, где лежал Брежнев, чтобы попрощаться с ним.

Медицинский персонал уже уехал, и в спальне никого не было. На кровати лежал мертвый лидер великой страны, 18 лет стоявший у руля правления. Спокойное, как будто во сне, лицо, лишь слегка одутловатое и покрытое бледно-синей маской смерти. Андропов вздрогнул и побледнел, когда увидел мертвого Брежнева. Мне трудно было догадаться, о чем он в этот момент думал — о том, что все мы смертны, какое бы положение ни занимали (а тем более он, тяжелобольной), или о том, что близок момент, о котором он всегда мечтал — встать во главе партии и государства. Он вдруг заспешил, пообещал Виктории Петровне поддержку и заботу, быстро попрощался с ней и уехал.

* * *

Андропов понимал, что в сложившейся ситуации во избежание каких-либо неожиданностей надо действовать быстро и энергично. О смерти Брежнева страна узнала во второй половине дня 10 ноября, а уже 12-го состоялся Пленум ЦК КПСС, на котором Ю. В. Андропов был избран Генеральным секретарем.

Поздно вечером 12-го, после пленума, мы приехали к Андропову на дачу вместе с его лечащим врачом В. Е. Архиповым. Надо отдать должное личной скромности Андропова. Все годы, что я его знал, до избрания Генеральным секретарем ЦК КПСС, он прожил в старой небольшой деревянной даче в живописном месте на берегу реки Москвы. Спальня, в которой мы его нашли уже одетого по-домашнему, была не больше 14—16 метров. Он сел на кровать, а мы устроились рядом на стульях. Андропов выглядел очень усталым, но был оживлен, общителен и не скрывал радости по поводу достижения своей цели.

Перед ним открывались широкие возможности воплощения тех планов совершенствования страны и общества, которые он вынашивал долгие годы. Он рассказывал нам о некоторых из них. Хорошо помню, что первое, с чего он начал, — борьба с коррупцией и преступностью. «Чебрикова поставим во главе КГБ, — говорил он, — а Федорчука переведем министром внутренних дел. Он человек жесткий, может навести порядок. В помощь ему дадим честных толковых людей из КГБ. Щелокова пока (он подчеркнуто произнес «пока») освободим от занимаемой должности». Что просто на освобождении от должности он не остановится, я был уверен, вспоминая, как он иначе чем преступником Щелокова не называл.

Он говорил о необходимости привлечь к руководству страной новых, молодых, прогрессивных людей, говорил о необходимости реформ в экономике, о наведении дисциплины. «Дел очень много, — продолжал Андропов. — Придется всем, в первую очередь мне, много работать. Здесь надежда на вас. Я вам очень признателен за все, что делалось для меня на протяжении 15 лет. Если бы не вы, наверное, меня бы уже не было или я был бы тяжелый инвалид. Я понимаю, какую трудную задачу ставлю перед вами. Но вы должны сделать невозможное — поддержать мою работоспособность». Улыбаясь, продолжил: «Сколько раз вы от меня слышали эту фразу касательно предыдущего Генерального секретаря, теперь и новый такой же. Незавидная у вас участь».

В ответ мы говорили искренне теплые, хорошие слова, убеждали, что он еще многое сделает для страны, для народа, но внутренне я, по крайней мере, сжался, понимая, что нас ожидает впереди — ведь у Андропова почти не работали почки. Он принял наше предложение один-два раза в неделю приезжать ночевать в больницу, где мы могли бы за ним наблюдать и коррегировать лечение. Он четко соблюдал эти рекомендации. Болезнь в этот период еще больше сблизила нас и позволила мне больше узнать Андропова, хотя, как я уже говорил, и сегодня мне до конца не понятна эта интересная и необычная личность.

Кое-где в воспоминаниях об Андропове проскальзывают утверждения, что, проживи он подольше, прогрессивные процессы, которые начали обозначаться и которые созревали в обществе, привели бы к определенной трансформации государственной системы. Это заблуждение. Ни государственный строй, ни социалистические принципы при Андропове не претерпели бы изменений. В их пределах, несомненно, многое бы изменилось. Из разговоров с ним я понял, что прежде всего его волновало состояние экономики. Он четко представлял, в отличие от других руководителей, что политика в значительной степени должна опираться на экономику, что только тогда, когда народ будет накормлен и одет, можно не бояться за существующий строй и политический статус-кво. Противник Косыгина, он взял у него понимание необходимости поиска новых экономических путей развития. Именно этим было продиктовано создание в ЦК КПСС экономического отдела, который должен был предложить принципы выхода страны из экономического кризиса. То, что он придавал этой работе большое значение, говорит тот факт, что руководитель этого отдела Рыжков был избран секретарем ЦК КПСС.

Понимал он и остроту национального вопроса, межнациональных отношений, о чем резко говорил (в отличие от других членов Политбюро) еще при жизни Брежнева. Зная, как бывший председатель КГБ, настроение в народе, он, несомненно, предпринял бы определенные меры по демократизации партийной жизни, демократизации законодательной и исполнительной власти, наконец, демократизации жизни в стране. Но при всей трансформации он сохранил бы централизованную, как сейчас называют, командно-административную систему. Широкую общественность привлекла бы и его принципиальная позиция в борьбе с преступностью и коррупцией. Уверен, что более гибкой была бы и его внешнеполитическая деятельность, хотя здесь ему пришлось бы столкнуться с позицией Громыко. Конечно, это мое личное восприятие идей Андропова, которое сложилось при общении с ним. Но я твердо усвоил одно — когда речь шла об идеалах социализма, о принципах государственного строя, Андропов был тверд, а иногда мог быть по-своему и жестоким. Он никогда не выпустил бы из рук рычаги управления, а принципы демократического устройства общества допустил бы в определенных рамках, которые не могли бы поколебать принципиальных устоев социалистического государства.

* * *

Много пишут о разгроме им диссидентского движения в стране. И опять в некоторых высказываниях звучит стремление приуменьшить роль Андропова в этой борьбе, создать впечатление, что он действовал под чьим-то давлением. Мне не раз приходилось сталкиваться с ним на этой почве. Ко мне шло много обращений, как из-за границы от моих иностранных друзей и коллег, так и из Советского Союза с просьбой помочь тем или иным «отказникам». Я находился под таким неусыпным контролем различных секретных служб, что иногда даже терялся в догадках: а кто сегодня за мной следит? Дело дошло до того, что, не зная, кто прослушивает мои разговоры в квартире, я попросил Андропова, чтобы его технические сотрудники провели ее обследование. Так что Андропов был в курсе моих связей, в курсе обращений ко мне.

Однажды мне позвонил из Англии очень хороший мой знакомый, президент общества кардиологов, профессор Дж. Гудвин с просьбой помочь члену-корреспонденту АН СССР, если мне не изменяет память, В. Г. Левичу, в лечении его жены. Левичу было отказано тогда в выезде в Израиль, и он находился в тяжелом положении. Естественно, что мы провели необходимую консультацию. При очередной встрече Андропов сказал тогда мне: «Вы большой либерал, а это не всегда хорошо. Правильно, что помогли Левичу, но будьте осторожны в своих связях и симпатиях». Не знаю, что это было — предостережение, забота обо мне или просьба быть подальше от зарубежных знакомых? Запомнилось, как он выговаривал мне за защиту работавшего в кардиологическом центре научного сотрудника Д. Сапрыкина, у которого в столе его «друзья» обнаружили запрещенные тогда книги и создали вокруг этого целое «дело». Сапрыкина удалось спасти, устроив на работу в Институт сердечно-сосудистой хирургии, директор которого академик медицины В. И. Бураковский проявил себя в этой ситуации и смело, и благородно.

Как-то на мое замечание — не придается ли слишком большое значение выступлениям небольшой группы диссидентов, оторванных от широких масс, которые в большинстве равнодушны к ним, и не создается ли преследованиями и отказом в выезде определенный ореол мученичества и славы вокруг них, он отреагировал достаточно остро. Видимо, это у него наболело.

«Вы не понимаете, что расшатать любой строй, особенно там, где полно скрытых пружин для недовольства, когда тлеет национализм, очень легко. Диссиденты — это враги нашего строя, только прикрывающиеся демагогией. Печатное слово — это ведь оружие, причем сильное оружие, которое может разрушать. И нам надо защищаться». Я нередко слышал от него эту фразу: «Революция, которая не может защищаться, погибнет». И он сознательно боролся с диссидентским движением.

Более того, у меня сложилось впечатление, что он искренне верил не только в необходимость такой борьбы, но и в ее законность. Он искренне возмущался тем, что творил Берия во времена Сталина. Помню, как я как-то завел разговор о Шейнине, авторе нашумевших в прошлом «Записок следователя», работавшем в сталинские времена в Прокуратуре СССР. Это было после моей консультации Шейнина в связи с инфарктом миокарда, и я выразил сожаление по поводу его болезни. Андропов прервал меня и сказал: «Как вы можете спокойно говорить об этом человеке; в сталинские времена он, курируя в Прокуратуре органы, сделал очень много плохого по отношению к чекистам». Возмущался он и «состряпанным» в 1952—1953 годах «делом врачей»: «Как можно было решиться на уничтожение цвета советской медицины? Хорошо, хоть смерть Сталина их спасла».

Нельзя списывать на Андропова и многие несправедливости и преследования, которым подвергались некоторые деятели литературы и искусства. В этом большая «заслуга» Суслова, Подгорного, да и ряда других руководителей ЦК КПСС рангом пониже. Более того, некоторых из преследуемых партийными функционерами Андропов защищал.

Это был интеллигентный, широкообразованный человек, прекрасно разбиравшийся в литературе, искусстве. Ничто человеческое ему не было чуждо: ни поэзия, ни любовь. Его память и аналитический склад ума покоряли. Он был расчетлив, хитер, иногда по своим действиям напоминал Макиавелли. Но при этом в личном плане был честен и бескорыстен. Вряд ли мог быть более достойный защитник существующего строя и идеологии.

Часть 3

ПРАВЛЕНИЕ И СМЕРТЬ Ю. В. АНДРОПОВА

Андропов спешил в своих делах и после избрания его Генеральным секретарем ЦК КПСС. Через 10 дней он уже выступает на Пленуме ЦК КПСС, излагая свои планы совершенствования экономики, жизни общества, функционирования государства. Избрание в секретари ЦК КПСС Рыжкова, выдвижение на более важную позицию в Политбюро Горбачева, назначение Громыко первым заместителем Председателя СМ СССР должно было обозначить формирование в руководящих органах «группы Андропова». В нее, конечно же, входил и играл там важную роль его старый друг — министр обороны Устинов.

Для меня загадкой было избрание на этом пленуме в члены Политбюро Г. А. Алиева и перевод его в Москву первым заместителем Председателя СМ СССР. Он никогда не был среди друзей Андропова и олицетворял самое близкое окружение Брежнева, подвергавшегося в некоторых кругах общественности серьезной критике. Андропов, делившийся многим, никогда не касался причин выдвижения Алиева. Мне казалось, что это продуманный ход, направленный на ограничение власти Председателя СМ СССР Тихонова, который после проведенных перестановок был окружен двумя членами Политбюро и находился как бы под контролем этого руководящего органа партии.

23 ноября сессия Верховного Совета СССР назначает Андропова Председателем Президиума Верховного Совета СССР.

Я иногда задумывался: какой была бы ситуация, если бы был жив Суслов? Он, конечно, не претендовал бы на роль лидера партии и государства, но переход Андропова из кресла председателя КГБ в кресло Генерального секретаря был бы гораздо сложнее, а при некоторых условиях, связанных с активностью группы Черненко, и невозможен. Но судьба распорядилась таким образом, что во главе великой страны встал умный, честный и деловитый руководитель.

21 декабря, немногим больше чем через месяц после прихода Андропова к руководству страной, в Москве состоялось большое торжественное заседание, посвященное 60-летию образования СССР. В присутствии 134 делегаций из 112 стран мира Андропов изложил перед международной общественностью и народами СССР свое кредо во внешней политике, в отношениях между государствами, развитии СССР и национальной политики внутри страны. Перед миром предстал руководитель, хотя и разговаривающий с позиции силы, но в то же время ищущий пути к мирному сосуществованию и даже к созданию определенного уровня доверия.

Трудно сказать, какое направление приняла бы его внешняя политика, если бы время его руководства не было таким коротким. Из разговоров с ним у меня сложилось впечатление, что он мучительно ищет и не может найти ответа на два наболевших вопроса, которые, по его мнению, надо было срочно решать, — как достойно выйти из афганской войны и что делать с ракетами среднего радиуса действия в Европе в связи с американскими предложениями? И по тому, и по другому вопросу шел поиск выхода из создавшегося положения.

Внутри страны большинство населения с надеждой восприняло избрание Андропова Генеральным секретарем. Да и первые его решения, направленные на укрепление дисциплины, ответственности, борьбу с коррупцией, были восприняты с энтузиазмом. Отстранение Щелокова от должности министра внутренних дел, исключение его и Медунова из членов ЦК КПСС по мотивам, которые впервые прозвучали в таких высоких партийных инстанциях, начало следствия по целому ряду крупных дел, связанных со взяточничеством, привлекли к нему широкие массы, уже разуверившиеся в чистоте государственных и партийных органов.

Даже перечисление принятых в 1983 году под руководством Андропова решений указывает не только на укрепление государственной и хозяйственной дисциплины, но и на поиски новых подходов к развитию экономики страны. Это постановления о соблюдении договорных обязательств по поставкам продукции; о дополнительных мерах по расширению прав производственных объединений; меры по ускорению научно-технического прогресса; об усилении работы по обеспечению опережающего роста производительности труда в сравнении с ростом заработной платы; о ходе подготовки экономического эксперимента по расширению прав предприятий в планировании и хозяйственной деятельности и по усилению их ответственности за результаты работы и т.д.

В июне 1983 года на сессии Верховного Совета принимается специальный закон «О трудовых коллективах и повышении их роли в управлении предприятиями, учреждениями, организациями».

Некоторые политики почему-то выбросили из истории этот период начала выхода из кризиса, в который попала страна. Они забыли, что в 1983 году объем промышленного производства вырос на 4%, против 2,9% в предыдущем. Они стремятся замолчать тот факт, что производительность труда выросла на 3,5%, а национальный доход — на 3,1%. Неплохо, если бы сейчас наша страна имела такие показатели.

Государство начало беречь каждую копейку, ставился заслон расточительству. Вспоминаю в связи с этим жесткий разговор, который произошел у Андропова с Устиновым. Андропов находился в больнице и не присутствовал на одном из заседаний Политбюро. После заседания помощники доложили ему о принятых решениях, среди которых было и решение о выделении по просьбе Москвы 250 млн. рублей на строительство памятника Победы. Возмущенный таким решением, Андропов выговаривал Устинову: «Как ты, Митя, не поймешь, что у нас не хватает жилья, больниц, детских садов, те же военные пенсионеры получают крохи, а вы на Политбюро легко бросаетесь четвертью миллиарда. Давайте обратимся к народу, к общественным организациям с предложением, чтобы этот памятник был построен на народные деньги, организуем сбор средств. Народ нас поймет. А то привыкли сорить деньгами, не думая, как они тяжело достаются».

Я попросил Андропова ничего не предпринимать. Так как отношусь к ним снисходительно, с иронией, уверен, что самое лучшее средство — время, которое все ставит на свои места.

* * *

Популярность Андропова в народе росла. Это вызывало раздражение у его противников, которые пытались принизить значимость новых подходов, использовали его любые, даже мельчайшие промахи, искали и создавали ему врагов. Причем это делалось очень тонко и расчетливо. Видимо, не зная наших отношений с Андроповым (а я их не афишировал), кто-то сознательно начал распространять по Москве слухи, что он не только хочет избавиться от меня, в связи с чем мои дни в Кремлевской больнице сочтены, но и предлагает ограничить мою научную и общественную деятельность. Причем все это преподносилось как гонение на бывшее окружение Брежнева. Я абсолютно спокойно относился к этим разговорам, которые «милые доброжелатели» доводили до моих ушей, потому что знал свое положение в науке, знал свои возможности как врача. За свою непростую жизнь я выработал «олимпийское» спокойствие в отношении к сплетням. Даже охлаждение ко мне некоторых «друзей» и уменьшение телефонных звонков вызывало у меня только улыбку.

Иначе прореагировал на эту ситуацию Андропов, который однажды в разговоре сказал, что он знает о характере сплетен и считает, что они прежде всего направлены против него. «Расчет этих людей, — говорил он, — прост. Не зная наших дружеских отношений, они думают своими разговорами вызвать у вас не только настороженное отношение, но и неприязнь ко мне». «Они пытаются, — продолжал он, — найти хоть что-нибудь дискредитирующее меня. Копаются в моем прошлом. Недавно мои люди вышли в Ростове на одного человека, который ездил по Северному Кавказу — местам, где я родился и где жили мои родители, и собирал о них сведения. Мою мать, сироту, младенцем взял к себе в дом богатый купец, еврей. Так даже на этом хотели эти люди сыграть, распространяя слухи, что я скрываю свое истинное происхождение. Идет борьба, и вы должны спокойно относиться к разговорам. Но я постараюсь, чтобы эти ненужные сплетни прекратились».

Я попросил Андропова ничего не предпринимать, так как отношусь к ним совершенно спокойно и уверен, что самое лучшее средство — время, которое все ставит на свои места. Действительно, вскоре все разговоры прекратились, и опять мой телефон не утихал от звонков, а в праздничные дни приходила масса поздравлений.

Андропов занял активную позицию и в отношении сплетен, попыток его личной дискредитации и дискредитации принимаемых им решений. Помогало ему и то, что он мог вновь опираться на созданную им систему КГБ. Постепенно он завоевывал позиции и в партийном аппарате, хотя здесь еще чувствовалось значительное влияние его соперника Черненко. Умный и дальновидный Андропов прекрасно понимал, что сложившаяся в СССР система партийного руководства жизнью общества и государства требует для укрепления положения лидера страны и народа завоевания партийного аппарата. Перед ним был яркий пример Брежнева, 18 лет руководившего СССР только благодаря созданному им и преданному ему партийному руководству на ключевых постах. Он понимал, что завоюет твердые позиции в партии, если постепенно заменит ведущие кадры молодыми, прогрессивными и честными людьми, которые будут противостоять старым, консервативным силам, формирующимся вокруг Черненко. Кроме того, эта акция была призвана показать широким массам, что он намерен, меняя руководителей, менять и курс партии на более прогрессивный. Он этого не скрывал даже в наших обычных разговорах.

Активное выдвижение Горбачева на вторые роли в руководстве, выдвижение Рыжкова, приглашение из Сибири на важнейшую должность в ЦК КПСС, определяющую кадровую политику, Лигачева — это все звенья цепи одной политики. На этом пути обновления кадров у Андропова было немало ошибок, хотя часть из них должно взять на себя его окружение, которое выдвигало иногда кадры заведомо слабые или скомпрометировавшие себя на прежней работе. Объяснялось это тем, что Андропов до ЦК длительное время работал в КГБ, был оторван от конкретной партийной работы и поэтому плохо знал кадры.

Как-то удивленный выдвижением на большой государственный пост заведомо слабого руководителя, обладавшего к тому же большой амбициозностью, я заметил в разговоре, что некоторые кадровые решения Андропова многим непонятны. Его ответ меня удивил. Он звучал так: «В любом обществе есть недостатки. Если говорить о социалистическом, то самый большой его недостаток — отсутствие системы, а главное — отсутствие объективных критериев подбора и выдвижения кадров. При капитализме идет естественный отбор руководителей на основе конкурентной борьбы, если исключить относительно небольшой процент наследований крупного капитала. У нас же очень много субъективизма, оценки даются по произносимым лозунгам и даже политической демагогии. Если бы у нас на всех уровнях руководства — от колхоза до Совета Министров — были умные, профессионально сильные, преданные конкретному делу руководители, мы бы уже давно шли в ногу по всем показателям с передовыми странами мира».

Для того чтобы еще больше укрепить свое положение и прекратить разговоры об узурпации власти, Андропов, уже избранный Генеральным секретарем и Председателем Президиума Верховного Совета СССР, добивается решения Пленума ЦК, а затем и Верховного Совета СССР о возможности совмещения этих двух постов.

* * *

Между тем, болезнь Ю. В. Андропова стремительно прогрессировала. В начале 1983 года произошло то, чего мы давно боялись. У Андропова полностью прекратились функции почек. В организме катастрофически стало нарастать содержание токсичных веществ. Особенно угрожающим для жизни было увеличение содержания калия. С тяжелым чувством, понимая всю безысходность, ведущие наши специалисты — академик медицины Н. А. Лопаткин, профессор Г. П. Кулаков и другие — вместе с нами приняли решение начать использование искусственной почки.

В Кунцевской больнице, как я уже упоминал, был специально оборудован отсек, в котором размещалась искусственная почка, палата для пребывания Андропова, помещения для охраны и врачей. Два раза в неделю Андропов приезжал на процедуру, и этого вполне хватало для того, чтобы полностью очищать организм от шлаков. У нас было немало примеров, когда больные не только годами жили с использованием искусственной почки, но и продолжали активно работать. Нам, да и Андропову, было известно, что приблизительно в такой же ситуации канцлер Австрии Б. Крайский продолжал свою активную государственную деятельность. Это вселяло в Андропова определенную уверенность и позволяло мужественно переносить все тяготы, связанные с болезнью.

В последний год его жизни я еще раз убедился, какой большой силой воли обладал этот человек. Прекрасно понимая, что обречен, он никогда не жаловался и никогда не высказывал претензий. Конечно, мы использовали все достижения медицины в этой области — наши специалисты работали в ведущих центрах США и ФРГ, таких, например, как Рогозинский центр в Нью-Йорке. Много нам помогала в освоении новых методов и фирма «Фрезениус» (ФРГ). Участвовал, как я уже писал, в планировании лечения и ведущий в мире специалист в этой области профессор А. Рубин.

На фоне проводимой терапии Андропов чувствовал себя вполне удовлетворительно и продолжал активно работать. У нас не было сложностей в отношениях с Андроповым, несмотря на тяжесть его заболевания. Может быть, играло роль долгое сотрудничество и доверие, которое сложилось за эти годы. Возможно, что в этом проявлялась его высокая интеллигентность. Он верил, в отличие от некоторых советских руководителей, врачам, медицине, которая сохраняла ему жизнь на протяжении более 15 лет. По крайней мере, он весьма резко отреагировал на попытки некоторых своих помощников, перешедших к нему по наследству от Брежнева, привлечь к его лечению различных знахарей и экстрасенсов.

В ходе моей врачебной жизни, особенно когда я возглавлял Министерство здравоохранения СССР, мне не раз приходилось сталкиваться с проблемой различного рода «целителей» — от экстрасенсов типа Д. Давиташвили до создателей «наиболее эффективных средств борьбы с раком» типа А. Гечиладзе, пытавшегося бороться с этим тяжелейшим заболеванием вытяжкой из печени акулы — «катрексом».

Всегда вокруг этих безграмотных людей многие советские газеты и журналы создавали определенный ореол таинственности, непризнанной гениальности и мученичества в связи с давлением на них официальной медицины. Чего стоит заголовок в журнале «Смена», с которого начался ажиотаж вокруг Гечиладзе, — «Вопреки официальным инструкциям создан препарат для лечения рака». И вот уже десятки тысяч людей — больных и их родственников — съезжаются в Тбилиси, отдавая часто последние деньги на проезд и покупку препарата. Заявления официальных медицинских органов и крупнейших специалистов встречаются в штыки. В Тбилиси приехавшие за препаратом устраивают демонстрацию, и растерянный первый секретарь ЦК Компартии Грузии Д. И. Патиашвили просит меня срочно приехать и успокоить толпу. Когда я встретился с участниками демонстрации, я четко определил среди них подстрекателей, создававших бум ради наживы, и несчастных больных, мечтавших найти спасение и уже во всем разочаровавшихся. Кстати, этих подстрекателей я видел и в той толпе, которая при спокойном созерцании милиции, видимо, боявшейся вмешиваться в ход событий, ломала двери и била стекла в Министерстве здравоохранения СССР, настаивая на официальном признании противоракового действия «катрекса».

История — самый строгий судья и все ставит на свои места. Произошло это и с «катрексом», о котором сейчас и не вспоминают. Но я хотел бы посмотреть в глаза тем журналистам, которые создали этот ажиотаж и сделали еще более несчастными тысячи больных.

Да и немало других примеров я мог бы напомнить журналистам из своего министерского опыта. Где обещанные неким Кузиным методы лечения диабета или спасение от детского церебрального паралича и ряда других заболеваний, обещанное Васильевым, которого кто только не поддерживал?

А эпопея с экстрасенсами? Сейчас, например, в нашей стране идет много спекуляций в отношении участия в лечении Брежнева экстрасенсов. Кто только не претендует на роль его целителей. Мне трудно объяснить причину, но никто из руководителей партии и государства — ни Брежнев, ни Андропов, ни Черненко, ни Косыгин не прибегали к их помощи и не ставили перед нами вопроса о привлечении их к лечению.

Помню, как Косыгин, человек прямой, очень резко оборвал Н. К. Байбакова, своего заместителя, когда тот пытался навязать ему для лечения Давиташвили, которую перевел из Тбилиси в Москву и устроил на работу к себе в поликлинику Госплана СССР. Однажды позвонил мне Брежнев и сказал, что получил письмо от А. Райкина и И. Андроникова, в котором они рекомендуют ему Давиташвили как блестящую исцелительницу от всех болезней. Спросил, каково мое мнение на этот счет. Я ответил, что мне трудно судить о возможностях Давиташвили (Джуны), знаю лишь, что Райкин неоднократно в тяжелом состоянии ложился в Кунцевскую больницу и выписывался во вполне удовлетворительном. Если бы ему там не помогали, наверное, он не стремился бы туда попасть. Что касается возможностей Давиташвили, то у нас в медицине четко отработана система проверки тех или иных методов лечения, и надо ею воспользоваться в данном случае. «Вот правильно, позвоню Буренкову (в то время министр здравоохранения СССР), пусть медики разберутся. Ну а мне она не нужна, пусть другими занимается — тем же Андрониковым». Насколько я знаю, такая проверка была организована в Институте неврологии у академика медицины Е. В. Шмидта, и, кажется, она закончилась безрезультатно. Кстати, по просьбе Андропова КГБ собрал большой материал о возможностях функционировавших в тот период экстрасенсов, который еще больше укрепил того во мнении, что они ничем ему помочь не могут.

***

В конце августа 1983 года возникла ситуация, вновь связанная с проблемами здоровья руководителей, которая имела далеко идущие последствия. Черненко, который длительное время страдал хроническим заболеванием легких и эмфиземой, каждый год в августе отдыхал в Крыму. Так было и на этот раз. Чувствовал он себя превосходно и уже собирался возвращаться в Москву, чтобы начать активно работать. Отдыхавший там же, в Крыму, министр внутренних дел Федорчук, которого активно поддерживал Черненко, прислал ему в подарок приготовленную в домашних условиях копченую рыбу. У нас было правило — проводить строгую проверку всех продуктов, которые получало руководство страны. Для этого как в Москве, так и в Крыму были организованы специальные лаборатории. Здесь же то ли охрана просмотрела, то ли понадеялись на качественность продуктов, которые прислал близкий знакомый, к тому же министр внутренних дел, короче — такой проверки проведено не было. К несчастью, рыба оказалась недоброкачественной — у Черненко развилась тяжелейшая токсикоинфекция с осложнениями в виде сердечной и легочной недостаточности. Выехавшие в Крым наши ведущие специалисты вынуждены были из-за тяжести состояния срочно его транспортировать в Москву. Состояние было настолько угрожающим, что я, да и наблюдавший его профессор-пульмонолог А. Г. Чучалин, как, впрочем, и другие специалисты, боялись за исход болезни.

Андропов, которого я проинформировал о состоянии Черненко, сочувственно, но совершенно спокойно отнесся к сложившейся ситуации. В это время он собирался поехать в Крым на отдых, и, когда я в заключение нашего разговора спросил, не изменил ли он свои планы в связи с болезнью Черненко, он ответил: «Я ничем ему помочь не могу. А в ЦК останется Горбачев, который в курсе всех дел и спокойно справится с работой. Так что причин не ехать в отпуск у меня нет. Тем более что дальше — ноябрьские праздники, Пленум ЦК, сессия Верховного Совета, и времени на отдых у меня не будет».

Заболевание Черненко протекало тяжело, учитывая, что инфекция и интоксикация наложились на изменения в организме, связанные с хроническим процессом в легких. С большим трудом нам удалось его спасти, но восстановить его здоровье и работоспособность до исходного уровня было невозможно. Из больницы выписался инвалид, что было подтверждено расширенным консилиумом ведущих специалистов нашей страны. В Политбюро было представлено наше официальное заключение о тяжести состояния Черненко. Так что еще осенью 1983 года члены Политбюро знали о его болезни. И наивно звучат раздающиеся иногда оправдания по поводу избрания Генеральным секретарем ЦК КПСС больного Черненко, что будто бы никто не знал о его болезни. Знали. Только в тот момент все определяли групповые и личные политические интересы и никого не интересовало мнение врачей. Как, впрочем, это происходит и сейчас.

Удивительна была реакция Андропова на наше заключение, которое я ему представил. Казалось, что он должен был бы радоваться, что с политической арены ушел его соперник. Тем более он знал о позиции Черненко. И все же, когда он узнал о том, что Черненко останется инвалидом, он искренне сожалел о нем и как о человеке, и как о хорошем работнике аппарата ЦК. В заключение нашего разговора Андропов сказал: «Мы не будем спешить с решениями. Пусть Черненко поправляется, набирается сил, а когда я вернусь из отпуска, будем думать, что делать и как использовать его опыт». После этих слов мне стало ясно, что вряд ли Черненко останется в Политбюро после ближайшего Пленума ЦК.

* * *

И опять как будто какой-то рок правил страной. Не воля членов партии или народа и даже не воля членов ЦК, а судьба перевернула все планы. В сентябре 1983 года Андропов поехал на отдых в Крым. На так называемой «первой даче» Нижней Ореанды мы подготовили специальные комнаты, в которых были установлены искусственные почки, комнаты для персонала. Вряд ли предполагал Хрущев, по распоряжению которого строилась эта дача, что спальни превратятся в больничные палаты для будущего Генерального секретаря ЦК КПСС. Не предполагал этого и Брежнев, 18 лет выезжавший летом на эту дачу. Вместе с персоналом вылетели в Крым я и начальник 9-го управления КГБ Ю. С. Плеханов, пожалуй, самый близкий и преданный Андропову человек.

Смена обстановки, природа и климат Крыма, наконец, отдых неузнаваемо преобразили Андропова. Он стал общительнее, иногда даже улыбался и шутил, чего мы за ним давно не замечали. Улучшилась походка, поднялось настроение. Были рады и мы, считая, что нашли оптимальный режим и лечение. Чувствуя себя вполне удовлетворительно, Андропов распрощался со мной и Плехановым, и мы вернулись в Москву.

В самолете Плеханов под впечатлением последних встреч с Андроповым, мне кажется, искренне благодарил меня за все, что было сделано. Мы были полны радужных надежд.

В течение длительного времени — сначала в связи с болезнью Брежнева, а затем Андропова — я никак не мог получить почетный диплом в старейшем университете им. Шиллера в Йене (Германия). Звание почетного доктора университета мне было присуждено за комплекс работ в области кардиологии. Воспользовавшись относительно благополучной ситуацией и договорившись с моими немецкими коллегами, я вылетел в Германию. И хотя за свою жизнь я был удостоен не одной награды, каждый раз это торжество переживаешь заново. Там, в Йене, я забыл о своих проблемах, которые оставил в СССР, и, что кривить душой, радовался признанию моих научных заслуг. Я уже собирался на прием, который давал в мою честь университет, когда вдруг появился человек в немецкой военной форме и передал, что меня срочно просили соединиться с Москвой по специальной связи. «Это недалеко, на окраине города, и я вас быстро туда доставлю».

Действительно, через 20 минут сквозь треск и писк специальной международной линии я услышал далекий голос Крючкова, который просил меня срочно вылететь из Йены прямо в Крым. «Вертолет из Берлина уже вылетел, скоро будет у вас. В Берлине на военном аэродроме будет ожидать Ил-62, который доставит вас в Симферополь. Подробности я не знаю, врачи говорят, что ничего угрожающего на данный момент нет, но просят срочно приехать», — заключил он наш разговор. Вы можете себе представить удивление моих хозяев, когда я, забежав на несколько минут в зал, где уже начали собираться гости, заявил, что, к сожалению, не могу принять участие в торжественном приеме и вынужден их срочно покинуть.

Тогда я уже привык к таким ситуациям, но, конечно, у моих немецких коллег это вызвало, по меньшей мере, удивление и растерянность. Снимало вопросы и извиняло меня только то, что я появился в сопровождении лиц в военной форме.

Через 30 минут в сгущавшихся сумерках вертолет нес меня через Германию в Берлин навстречу неизвестности. В большом многоместном Ил-62, в котором моя одинокая, напряженная, вся ушедшая в себя персона вызывала естественное любопытство команды военных летчиков, поднятых по сигналу тревоги, я перебирал в голове все варианты ситуаций, требовавших моего срочного возвращения. Ничего конкретного я не мог предположить и решил ждать встречи с неизвестностью.

В Симферополь мы прилетели поздно ночью. Самолет остановился, чтобы не привлекать внимания, вдали от здания аэропорта. Спускаясь по трапу в темноту южной ночи на пустынное поле аэродрома, где одиноко маячила прибывшая за мной машина, я ощутил какую-то гнетущую тоску и беспредельную тревогу за будущее. Я понимал, что произошло чтото неординарное, если меня срочно ночью вытащили сюда из Германии. Ясно, что это связано со здоровьем Андропова. Неужели мы теряем лидера страны всего лишь через 10 месяцев после избрания? А ведь столько надежд возлагалось на него!

Если не ошибаюсь, это было 30 сентября 1983 года. Я называю эту дату потому, что с этого времени пошел отсчет последней стадии болезни Андропова. С октября 1983 года он перестал непосредственно, конкретно руководить Политбюро и ЦК, Верховным Советом СССР и не появлялся в Кремле. А ведь этого могло и не быть. Все началось с нелепой случайности или небрежности самого Андропова и его окружения. Перед отъездом из Крыма мы предупредили всех, в том числе и Андропова, что он должен строго соблюдать режим, быть крайне осторожным в отношении возможных простуд и инфекций. Организм, почти полностью лишенный защитных сил, был легко уязвим и в отношении пневмонии, и в отношении гнойной инфекции, да и других заболеваний. Почувствовав себя хорошо, Андропов забыл о наших предостережениях и решил, чтобы разрядить, как ему казалось, больничную обстановку дачи, съездить погулять в лес. Окружение не очень сопротивлялось этому желанию, и он с большим удовольствием, да еще легко одетый, несколько часов находился в лесу.

Надо знать коварный климат Крыма в сентябре: на солнце кажется, что очень тепло, а чуть попадешь в тень зданий или леса — пронизывает холод. К тому же уставший Андропов решил посидеть на гранитной скамейке в тени деревьев. Как он сам нам сказал позднее — он почувствовал озноб, почувствовал, как промерз, и попросил, чтобы ему дали теплую верхнюю одежду. На второй день у него развилась флегмона. Когда рано утром вместе с нашим известным хирургом В. Д. Федоровым мы осмотрели Андропова, то увидели распространяющуюся флегмону, которая требовала срочного оперативного вмешательства. Учитывая, что может усилиться интоксикация организма, в Москве, куда мы возвратились, срочно было проведено иссечение гангренозных участков пораженных мышц. Операция прошла успешно, но силы организма были настолько подорваны, что послеоперационная рана не заживала.

* * *

Первые недели после операции Андропов, хотя и был подавлен всем случившимся, но продолжал еще работать в больнице — принимал своих помощников, проводил даже небольшие заседания, читал присылаемые материалы, принимал решения. Конечно, он забыл о болезни Черненко и больше не возвращался к этой теме.

Мы привлекли к лечению Андропова все лучшие силы советской медицины. Однако состояние постепенно ухудшалось — нарастала слабость, он опять перестал ходить, рана так и не заживала. Нам все труднее и труднее было бороться с интоксикацией. Андропов начал понимать, что ему не выйти из этого состояния. Однажды он спросил, смотря мне прямо в глаза: «Наверное, я уже полный инвалид, и надо думать о том, чтобы оставить пост Генерального секретаря». И, видя мое замешательство, продолжил: «Да, впрочем, вы ведь ко мне хорошо относитесь и правды не скажете».

Его преследовала мысль — уйти с поста лидера страны и партии. Я сужу и по тому разговору его с Рыжковым (в то время секретарем ЦК КПСС), случайным свидетелем которого я оказался. Почему он позвонил самому молодому секретарю ЦК, для меня и сегодня загадка. В разговоре он вдруг спросил Рыжкова: «Николай Иванович, если я уйду на пенсию, какое материальное обеспечение вы мне сохраните?» Не ручаюсь за точность фразы, но смысл ее был именно таков. На другом конце провода Рыжков, по моему впечатлению, настолько растерялся, что, видимо, не знал, что ответить. И Андропов закончил разговор словами вроде: «Вы там подумайте о том, что я сказал». Однако, насколько я знаю, продолжения этого разговора не было. Да и со мной он больше не обсуждал проблем отставки.

И опять вопрос о судьбе страны. Что произошло бы, если бы Андропов появившуюся у него мысль об уходе претворил в реальность? Несомненно, он бы определил и назвал своего преемника. Учитывая завоеванный к тому времени авторитет, его мнение было бы решающим в определении фигуры Генерального секретаря ЦК КПСС. Ясно одно, что это был бы не Черненко.

В этот период у Андропова, мир которого ограничивался больничной палатой и залом для проведения процедуры очистки крови, нередко появлялось желание общения, обсуждения далеко не медицинских проблем. Зная долгие годы меня и своего лечащего врача Архипова, он говорил то, что думал, делился своими не воплощенными в жизнь планами, давал характеристики членам Политбюро и своему окружению. Сейчас трудно вспомнить все, о чем шла речь. Могу лишь передать мои ощущения горечи, сожаления, что то, о чем говорилось, не будет воплощено в жизнь или будет воплощаться другими, но не Андроповым. «Главное, мы должны быть сильными, — не раз подчеркивал он. — А это во многом зависит от состояния экономики. А она, в свою очередь, определяется людьми. К сожалению, человеческое сознание более инертно, чем прогресс общества. Мышление человека не доросло до сознания, что нужно трудиться для всех. Мы создали собственность для всех, а каждый хочет получить из этой собственности только свою выгоду и прибыль. Поэтому мы должны быть крайне осторожны в реформах. Самое трудное — сопоставить интересы каждого и интересы всех. И самое главное — уровень культуры: общей, политической, труда, межнациональных отношений, общения. Здесь мы не в первых рядах, и это самый главный наш недостаток».

Таковы были, насколько я помню, основы его рассуждений. Мне казалось, и в ряде случаев это действительно было так, что он плохо разбирается в людях. Однако жизнь полностью подтвердила те характеристики, которые он тогда давал всем, кто его окружал в Политбюро, а раньше — в КГБ.

* * *

Между тем разговоры о тяжелой неизлечимой болезни Андропова шли уже не только в ЦК и КГБ, но и в широких кругах. Они воспринимались по-разному. По крайней мере, мне казалось, что большинство сожалело, что век Андропова как лидера был короткий. В него поверили, при нем появилась надежда, что страна воспрянет от спячки, в которую впала в последние годы. Но, может быть, я пристрастен.

В этой ситуации произошел случай, который можно оценивать по-разному, но он возмутил меня, да и всех, кто длительные годы обеспечивал здоровье и работоспособность Андропова. Мне позвонил Чебриков, председатель КГБ, которого я хорошо знал, и попросил заехать к нему. В новом здании КГБ вежливый секретарь Чебрикова тут же проводил меня в его новый кабинет, который своей официальной помпезностью разительно отличался от уютного кабинета Андропова в старом здании.

Чебриков был явно смущен, растерян и не знал, как начать разговор. Думаю, что играло роль то, что он знал уровень наших отношений с Андроповым. «Знаете, Евгений Иванович, я получил официальное письмо от сотрудников КГБ, в котором они пишут о недостатках в лечении Андропова и требуют моего вмешательства в обеспечение процесса лечения. Вы поймите меня правильно. Я знаю, как доверяет вам Юрий Владимирович, знаю ваши отношения и понимаю, что вы делаете все для его спасения. Но у меня есть официальное письмо, и я должен был вас познакомить с ним». И он показал мне письмо, которое, к моему удивлению, было подписано людьми, совсем недавно высказывавшими восхищение тем, что нам удалось так долго сохранять работоспособность Андропова. Будь это в 1937 или 1952 годах, такое письмо было бы равносильно смертному приговору.

Стараясь сдержать свое возмущение, я ответил, что не собираюсь отчитываться перед двумя сотрудниками КГБ, подписавшими письмо и ничего не понимающими в медицине. Если необходимо, я, как член ЦК, где и когда угодно — на Пленуме ли ЦК или в печати — могу рассказать или представить в письменном виде всю ситуацию, связанную с болезнью Андропова, в том числе и причины обострения болезни. Кроме того, сотрудники КГБ, присутствующие на консилиумах, знают мнение ведущих ученых страны о характере болезни и проводимом лечении. Кроме того, они следят за каждым шагом и действием профессоров и персонала. И еще, продолжал я, для меня Андропов значит больше, чем для всех ваших перестраховщиков, пытающихся проявить не могу понять что — то ли заботу, то ли бдительность — или свалить свои промахи на нас. Другой бы врач, ученый моего уровня, сказал бы вам, что если считаете, что мы недостаточно активно работаем, что мы не правы, то приглашайте других. Но я этого не сделаю, потому что 18 лет Андропов был моим пациентом, он верит мне, а я ему. И я был бы подонком, если бы в эти последние дни его жизни я не был бы с ним.

Чебриков молча выслушал мою резкую тираду и, зная хорошо меня, мой характер, понял всю глубину моего возмущения. Видимо, где-то внутри у него появилось сожаление, что он поднял вопрос о письме. Кто знает, а может быть, я изменю своим принципам и сделаю достоянием всех членов Политбюро и ЦК тот факт, который знали очень немногие, в частности он и я, факт, что дни Андропова сочтены.

«Считайте, что этого разговора не было, — заключил он, — а письмо я уничтожу. И еще: ничего не говорите Андропову». Не знаю, уничтожено ли это письмо, о котором я рассказал лечащему врачу, некоторым членам консилиума, или лежит в архивах КГБ, но оно заставило меня задуматься о необходимости информировать руководство страны о возможном неблагоприятном исходе болезни.

* * *

Когда я обсуждал с Андроповым проблемы, связанные с его болезнью, и спросил, с кем бы в случае необходимости я мог бы доверительно обсуждать появляющиеся организационные или политические вопросы, он, не задумываясь, ответил: «С Устиновым». Меня это вполне устраивало, так как с Устиновым у меня давно сложились дружеские отношения. Он, как и Андропов, был моим давним пациентом. Я позвонил Устинову и попросил встретиться со мной. Он предложил приехать к нему в Министерство обороны. Когда я въехал во двор министерства и по широким, «дворцовым» лестницам поднялся на второй этаж, в большой кабинет министра обороны, где все — от интерьера до картин на стенах — дышало стариной, я не думал, что мне придется часто бывать здесь в последние месяцы жизни Андропова.

Мне казалось, что наши официальные заключения о болезни Андропова должны были бы насторожить членов Политбюро, и поэтому я был крайне удивлен тем, что мое сообщение и заключение о тяжести прогноза было для Устинова как гром среди ясного неба. «Знаешь, Евгений, я знал, что Юрий тяжело болен, но что в такой степени, не представлял. Ты предпринимай все, чтобы сохранить его. Знаешь, что это значит сейчас для страны? А что делать — надо подумать. Давай встретимся втроем — ты, я и пригласим Чебрикова».

Тогда я не знал, почему нам надо встречаться втроем, почему именно с Чебриковым. Только потом я уяснил, что нужен был, во-первых, свидетель наших обсуждений состояния здоровья Андропова, во-вторых, человек, близкий к Андропову и Устинову, и в-третьих, человек, руководивший такой мощной системой, как КГБ, и имевший достаточно обширную информацию.

В это время в Кунцевскую больницу, где находился Андропов, для диспансеризации был госпитализирован Горбачев. Андропов, узнав об этом, попросил его зайти. Я предупредил Горбачева о тяжести состояния Андропова и плохом прогнозе заболевания. Он был вторым человеком в Политбюро, который знал, что дни Генерального секретаря сочтены. Как и Устинов, Горбачев, который в ЦК был ближе всех к Андропову, тяжело переживал сказанное.

В это время возникла новая сложная ситуация. В конце года должен был состояться неоднократно откладываемый Пленум ЦК и сессия Верховного Совета. Откладывать дальше было невозможно, так как страна должна была иметь бюджет на 1984 год. Андропов до последнего дня надеялся попасть на Пленум ЦК и на сессию Верховного Совета СССР. Он даже попросил, чтобы в новом здании ЦК, где он должен был выступать, трибуну установили не ниже стола президиума, как это предусмотрено архитекторами и где она находится сейчас, а рядом со столом, чтобы ему не надо было спускаться по ступенькам.

В чем-то повторялась история с Брежневым. В своей длительной врачебной практике я заметил, что у тяжелых, умирающих больных на какой-то стадии происходит определенный перелом в психике и они бессознательно начинают верить в благополучный исход. Так было и с Андроповым. Исчезли его мысли об инвалидности, уходе с поста лидера страны, он пытался работать, вызывал помощников, давал указания. Но болезнь не обманешь. При всем желании он не мог присутствовать на пленуме и сессии и обратился поэтому к участникам заседания с письменным посланием. О том, что он не верил в печальный конец и не думал об уходе, говорит и то, что он продолжал воплощать в жизнь свои намерения «укрепить руководство страны честными, прогрессивными, преданными делу партии» людьми. Надо было бы добавить, и «преданными Генеральному секретарю».

На декабрьском Пленуме ЦК, по представлению Андропова, в члены Политбюро были избраны Воротников и Соломенцев, кандидатом в члены Политбюро — Чебриков, секретарем ЦК — Лигачев. Кстати, в это же время вводится на важный пост члена Президиума Верховного Совета СССР Ельцин, работавший секретарем Свердловского обкома КПСС.

Декабрьский Пленум ЦК как бы подвел черту под «временем Андропова». Никто уже не сомневался в тяжести состояния Андропова, все ждали развязки и обсуждали, кто заменит его на посту лидера партии и государства.

* * *

По-прежнему мы встречались с Устиновым и обсуждали развитие событий, связанных с болезнью Андропова. После одной из встреч с Андроповым Устинов сказал, что тот видит своим преемником Горбачева. «Да и я считаю, что это правильный выбор. Нам нужен молодой, толковый руководитель, которого знает партия. А Горбачев пять лет как уже в Политбюро, его выдвигал Андропов, и он продолжит то, что начал Юрий Владимирович. Надо сделать все, чтобы этого добиться». Примерно так говорил нам с Чебриковым Устинов. Меня удивило только то, что через неделю или десять дней после этого разговора Устинов сказал мне: «Знаешь, надо Черненко ознакомить со всей ситуацией, и хотя он и знает в общем о прогнозе заболевания, но надо еще раз подчеркнуть, что в ближайшее время все может случиться». «Дмитрий Федорович, — заметил я, — опять всплывает кандидатура Черненко. Вы же знаете, как и все Политбюро, что он тяжелобольной человек и не может возглавлять партию и государство». «Да что ты, Евгений, — ответил на это Устинов. — Речь не идет о руководстве. Просто неудобно не сказать ему всей правды. Он все-таки формально второй человек в партии».

После тяжелого августовского заболевания Черненко я нередко вместе с профессором А. Чучалиным бывал у него на даче. Он оставался тяжелобольным человеком и мог работать, только используя лекарственные средства и проводя ингаляцию кислородом. Хронический процесс в легких остановить было уже невозможно. В один из наших визитов я рассказал ему о состоянии Андропова. Черненко спокойно ответил, что, как и все члены Политбюро, знает о тяжести его состояния и возможном исходе болезни.

Говорил он в это время уже с одышкой, и у меня было такое впечатление, что он вот-вот оборвет меня и скажет: «Что ты мне об Андропове говоришь, да я сам не менее, чем он, больной человек. Надо думать, как мне выходить из этого тяжелого состояния, что предпринимать». Мы неоднократно подчеркивали в этот период, что по состоянию здоровья ему работать с полной нагрузкой нельзя. Надо думать об изменении характера, объема и стиля работы. Но как это тяжело — расставаться с мыслью о политической карьере. Ради нее забывают о здоровье.

Во время наших последних встреч Устинов как-то спросил меня, знает ли о тяжелой болезни Черненко Тихонов. Это будет играть роль при обсуждении будущей кандидатуры Генерального секретаря ЦК КПСС. «Не только знает, — ответил я, — но и во время разговора на эту тему со мной, когда я сказал, что болезнь неизлечима и Черненко инвалид, выражал ему сочувствие и сожалел, что тот так рано вышел из строя».

* * *

В конце января 1984 года из-за нарастающей интоксикации у Андропова стали появляться периоды выпадения сознания. Стало ясно, что смерть может наступить в любой момент. Так и случилось. 9 февраля 1984 года Андропова не стало.

Смерть Андропова переживали по-разному. Не думаю, что в широких кругах это было воспринято с болью в сердце. Слишком короток был «век Андропова» как руководителя, чтобы народ до конца мог его оценить и поверить ему. Скорее, переживали из-за несбывшихся надежд. И ждали: что же будет?

Придет, наконец, кто-то из молодых прогрессивных политических деятелей или принцип «старой иерархии» сохранится?

Я искренне оплакивал смерть Андропова. И не только с позиций человека, близко знавшего и дружившего ним. Я понимал, как, может быть, немногие, как много он мог сделать для страны и народа. Сделать страну еще сильнее, а главное, заставить ее встряхнуться, начать поиск новых подходов к развитию.

Понимал и то, что среди руководителей нет ему равного по широте взглядов, знанию жизни, твердости в проведении своей политики и в то же время политической осмотрительности и дипломатической хитрости.

Часть 4

НЕДОЛГОЕ ПРЕБЫВАНИЕ У ВЛАСТИ К. У. ЧЕРНЕНКО

Наши беседы с Устиновым, его заверения, что мнение Андропова о фигуре Горбачева известно не только ему, позволяли мне предполагать, что именно он, и это было бы логично, придет на смену Андропову. На следующий день, хотя, возможно, это было и 11 февраля, к нам в спецполиклинику на Грановского заехал Устинов. Всегда общительный, веселый, разговорчивый, он при встрече со мной выглядел на этот раз смущенным и несколько подавленным.

«Знаешь, Евгений, — заявил он без всякого вступления, — Генеральным секретарем ЦК будет Черненко. Мы встретились вчетвером — я, Тихонов, Громыко и Черненко. Когда началось обсуждение сложившегося положения, я почувствовал, что на это место претендует Громыко, которого мог поддержать Тихонов. Ты сам понимаешь, что ставить его на это место нельзя. Знаешь его характер. Видя такую ситуацию, я предложил кандидатуру Черненко, и все со мной согласились. Выхода не было». Он ни словом не упомянул о Горбачеве, о том, что надо было бы узнать мнение других членов Политбюро.

Я всегда верил Устинову, считая его честным и откровенным человеком. Но в этот момент мне показалось, что он чуть-чуть кривит душой. Видимо, на встрече четырех старейших членов Политбюро он понял, что ни Черненко, ни Громыко, ни тем более Тихонов не поддержат его предложение в отношении кандидатуры Горбачева. В этой ситуации его наиболее устраивала кандидатура Черненко. Больной, к тому же по характеру мягкий, идущий легко на компромиссы, непринципиальный Черненко вряд ли мог противостоять настойчивому, сильному и твердому Устинову, возглавлявшему военно-промышленный комплекс. Да и другие участники этого своеобразного сговора понимали, что при больном Черненко они не только укрепят свое положение, но и получат большую самостоятельность, которой у них не было при Андропове. Это особенно касалось Председателя Совета Министров Тихонова.

Узнав о решении, я не мог сдержаться и сказал Устинову: «Дмитрий Федорович, как можно избирать Генеральным секретарем тяжелобольного человека. Ведь все вы знали от меня, что Черненко — инвалид. Я лично вам и Андропову говорил об этом». Не зная, что мне ответить на справедливые упреки, Устинов быстро распрощался и ушел.

В феврале 1984 года на Пленуме ЦК, как всегда единогласно, Генеральным секретарем был избран Черненко. Вместе со всеми голосовал и я. Думаю, что впервые голосовал вопреки своему мнению и своим убеждениям и поэтому мучительно переживал свою, в худшем понимании этого слова, «интеллигентность», а может быть, и трусость.

Все-таки почему на Пленуме ЦК я не встал и не сказал, что Черненко тяжело болен и не сможет работать в полную силу, да и век его, как Генерального секретаря, будет недолог? Меня сдерживали не политические мотивы, как Устинова или Тихонова, не опасения, что во главе партии станет не Горбачев, а Громыко, а именно наша русская «интеллигентная скромность», если так можно назвать это состояние. Да, с позиции политического и общественного деятеля я должен был это сделать. А с позиций врача и просто человека, хорошо знающего Черненко, находившегося с ним в добрых отношениях, вправе ли я был пренебречь клятвой Гиппократа и выдать самое сокровенное моего больного — состояние его здоровья? Тем более что у нас нет никаких правил или законов, касающихся гласности этого вопроса. Да и вообще, как я буду смотреть в глаза сидящему здесь же в зале Черненко, говоря о том, что его болезнь неизлечима и ее прогноз очень плохой. Он знает о тяжести болезни, мы предупредили его о том, что он должен ограничить свою активность. И его долг — отказаться от этой должности.

И еще. Весь состав Политбюро знал о состоянии здоровья Черненко. Но никто из его членов не решился по-товарищески рекомендовать ему воздержаться от выдвижения на пост Генерального секретаря ЦК КПСС. Никто даже не задал вопроса о его самочувствии. Я, как и весь состав ЦК, считал, что, предлагая Пленуму кандидатуру Черненко, Политбюро взвесило все «за» и «против», трезво оценило всю ситуацию, связанную с его избранием. Хотя многое говорило о том, что в те времена принципиальные вопросы в Политбюро решались не всем его составом, а узкой группой старейших его членов, которые навязывали свое решение всем остальным.

* * *

На второй день мы, как обычно, были на даче Черненко. Дом старой постройки с большими комнатами, высокими потолками, несколько мрачноватый внутри, хотя эту мрачность и пытались несколько скрасить картинами талантливого художника Б. В. Щербакова, стоял в живописном месте на берегу Москвы-реки. До Черненко в этом доме жил Хрущев, а после него — Подгорный. Мы довольно долго ждали возвращения Черненко с работы. Он приехал позднее, чем обещал, на пределе своих физических возможностей — бледный, с синими губами, задыхающийся даже при обычной ходьбе. Первое, что я ему сказал, войдя в спальню, где он нас ожидал: «Так вам в вашем состоянии работать нельзя. Вы себя губите. И зачем вы согласились занять эту тяжелейшую должность?» «Конечно, мне нелегко, — отвечал Черненко. — Но товарищи настояли на моем избрании, и мне отказаться было невозможно». Опять те же стереотипные ссылки на «товарищей», которые я уже слышал и от Брежнева, и от Андропова. Ссылки, которыми прикрывалась жажда власти и политические амбиции.

Надо сказать, что в первое время Черненко пытался продолжать курс, определенный Андроповым. Но мягкий, нерешительный и осторожный Черненко не мог противостоять ни Громыко, ни Устинову, ни Тихонову. Он не спешил, в отличие от Андропова, как можно быстрее утвердить себя лидером страны. Председателем Президиума Верховного Совета СССР он стал только через 2 месяца. Каких-либо значительных кадровых перемен не произошло, за исключением, может быть, изменения состава помощников, кстати, не в лучшую сторону. Пользуясь мягкостью и слабостью Черненко, они нередко превышали свои полномочия, хотя по уровню своих организаторских и политических возможностей им было далеко до пришедших с Андроповым лиц. Кстати, этим они вредили Черненко, его репутации. Мое уважение к ним полностью пропало после того, как они стали внушать Черненко необходимость досрочного, уже осенью 1984 года, проведения XXVII съезда партии. Я узнал это от самого Черненко, когда в очередной раз призывал его ограничить свою рабочую нагрузку. «Не могу ничего обещать, — отвечал он мне. — Помощники доказывают, что съезд партии надо проводить в этом году, чтобы рассмотреть и утвердить новый пятилетний план развития страны до наступления нового года». Это была явная уловка, так как стало обычным утверждение этих планов после начала новой пятилетки.

На съезде, как правило, не было принципиальных возражений, а те дополнения, которые принимались на них, легко корректировались в ходе выполнения пятилетнего плана. То, что это уловка, понимали все: члены ЦК, работники его аппарата, Совета Министров и Госплана. Понимали, что при тяжелобольном Генеральном секретаре досрочное проведение съезда партии призвано укрепить позиции его окружения и в определенной степени обеспечить в будущем его благополучие.

Однако вопрос о досрочном проведении съезда начал обсуждаться в окружении Черненко слишком поздно, чтобы успеть подготовиться к такому масштабному политическому мероприятию к концу 1984 года. Трудно сказать, что удерживало от этого неразумного шага — мнение ли Черненко, понимавшего, что он не готов выступать на съезде с новыми идеями, начавшееся ли развитие его болезни, активное противостояние новой прогрессивной группы в руководстве страны. Но факт остается фактом — съезд в 1984 году не состоялся, а те, кто хотел его организовать, вынуждены были уйти с политической арены после смерти Черненко.

***

Встав во главе партии и государства, Черненко честно пытался выполнять роль лидера страны. Но это ему было не дано — и в силу отсутствия соответствующего таланта, широты знаний и взглядов, и в силу его характера. Но самое главное — это был тяжелобольной человек. С каждым днем его заболевание прогрессировало — нарастали склеротические изменения в легких, нарушалась нормальная проходимость бронхов за счет появления в них бронхоэктазов, нарастала эмфизема. Все это в конечном итоге приводило к перенапряжению сердца и сердечной слабости. Черненко с трудом ходил, одышка стала появляться у него даже в покое, нарастала общая слабость. Для того чтобы как-то поддерживать его состояние, мы были вынуждены и на даче, и в кабинете установить специальные кислородные аппараты.

Мне было жалко Черненко. Добрый и мягкий человек, он попал в мясорубку политической борьбы и политических страстей, которые с каждым днем «добивали» его. Мы видели, с каким трудом, превозмогая себя, он нередко ездил на работу. Он все чаще и чаще оставался дома и, так как и здесь его одолевали телефонными звонками, просил говорить, что он занят — с врачами, процедурами и т.д.

Сложным и своеобразным было отношение больного Черненко к Горбачеву. Он не мог забыть, что Андропов, пытаясь удалить его с политической арены, противопоставлял ему в качестве альтернативы именно Горбачева. Не мог он не знать, что Андропов своим преемником видел Горбачева. Надо сказать, что и большинство старейших членов Политбюро, может быть, за исключением Устинова, понимая, что время Черненко коротко, хотели освободиться от такой фигуры в Политбюро, как молодой, завоевывавший авторитет Горбачев — наиболее реальный претендент на пост Генерального секретаря. Они понимали, что в случае прихода его к власти дни их в руководстве партии и страны будут сочтены. Так оно, впрочем, и оказалось. Особенно активен был Тихонов. Я был невольным свидетелем разговора Черненко с Тихоновым, когда тот категорически возражал против того, чтобы в отсутствие Черненко по болезни Политбюро вел, как бывало раньше, второй секретарь ЦК Горбачев. Давление на Черненко было настолько сильным, что при его прохладном отношении к Горбачеву где-то в апреле 1984 года положение последнего было настолько шатким, что, казалось, «старики» добьются своего.

Кто или что спасло Горбачева, мне трудно сегодня сказать. Из высказываний Черненко я понимал двойственность его отношения к Горбачеву. С одной стороны, он боялся его как политического оппонента и завидовал его молодости, образованности и широте знаний, а с другой — прекрасно понимал, что именно такой человек ему нужен в ЦК, который мог бы тянуть тяжелый воз всей политической и организационной работы. Сам он это делать не мог.

В этой связи почему-то на память приходит один эпизод из общения с Черненко, характеризующий эти возможности. Однажды он вернулся на дачу, где мы его ожидали, в приподнятом настроении и радостно нам пожаловался на свой аппарат: «Вы знаете, сегодня я по телефону разговаривал с Ярузельским. Был подготовлен текст моего разговора, но помощники забыли мне его представить, и вообразите — пришлось говорить не по тексту. И знаете — получилось неплохо». А я подумал — бедная моя великая страна, если ее лидер разговаривает по телефону с руководителем другой страны по заранее подготовленному помощниками тексту.

Мое положение было сложным. Я понимал, что болезнь прогрессирует, никакой надежды даже на ее стабилизацию нет. Прогноз плохой. Речь может идти об одном-полутора годах жизни. Но кому об этом сказать? Тихонову или Громыко, которые все знают, понимают, но делают вид, что ничего не происходит, или Гришину, который пытается организовать «показ» Черненко народу, чтобы вселить веру в крепость руководства? Кроме всего, я уже научен горьким опытом моих откровений с Устиновым и Чебриковым в период болезни Андропова. После них один предлагает на пост Генерального секретаря больного Черненко, а второй, чтобы подчеркнуть

112

преемственность, приводит его к умирающему Андропову. Мне трудно забыть эту сцену. Чебриков, видимо, для того чтобы подчеркнуть свою лояльность, позвонил Черненко и то ли рекомендовал, то ли попросил навестить Андропова. Страшно было смотреть на бледного, с тяжелой одышкой Черненко, стоявшего у изголовья большой специальной (с подогревом) кровати, на которой лежал без сознания страшно изменившийся за время болезни его политический противник. Зачем нужен был этот жест? Чтобы на следующий день на секретариате ЦК Черненко мог сказать, что он навестил умирающего Андропова. Вообще, после того как ушел из КГБ Андропов, все новые руководители этой организации были, как говорят на Руси, на голову ниже своего предшественника по таланту, образованности, политической силе и организационным способностям. Они исповедовали только собственные интересы и приспосабливались к складывающейся обстановке.

Учитывая сложившиеся традиции, да и просто в силу формальных правил, я информировал о состоянии здоровья Черненко Горбачева как второго секретаря ЦК КПСС. Он был в курсе складывающейся ситуации. А она с каждым днем становилась все тяжелее. Сам Черненко больше интересовался своим ухудшающимся состоянием, чем проблемами, которые стояли перед страной. В отличие от 1983-го 1984 год поистине был «годом застоя».

***

Осенью состояние Черненко стало настолько тяжелым, что он мог выезжать на несколько дней на работу только после внутривенных введений комплекса лекарств. Для меня, как и год назад, Кунцевская больница стала основным местом пребывания, тем более что в ней в это время находился в тяжелом состоянии Устинов. Все мы, профессора и врачи, понимая бесперспективность наших обращений, перестали убеждать Черненко в прописной истине, что такая даже в определенной степени ограниченная нагрузка, которая выпадает на долю Генерального секретаря ЦК КПСС, ему не по плечу. Понимая справедливость наших обращений и в то же время все еще надеясь на благоприятный исход болезни, он пытался искать помощь на стороне.

Как-то раздался звонок телефона прямой связи с Генеральным секретарем ЦК, которая была установлена у меня в кабинете, и я услышал смущенный голос Черненко: «Ко мне с предложением обратился Хаммер. Я его давно знаю, помогал ему в общении с Брежневым. У него приблизительно такая же болезнь, как и у меня. Он приехал со своим врачом, известным в США пульмонологом. Может быть, ты встретишься с ним, поговоришь. А вдруг они могут чем-то помочь мне». Я ответил согласием, и вскоре в кабинете появился мой старый знакомый А. Хаммер и пожилой доктор, заведующий пульмонологическим отделением одного из крупных госпиталей в Калифорнии. Не могу вспомнить сейчас его фамилии, кажется, Петерсон или что-то близкое к этому. Мы были в дружеских отношениях с Хаммером, я бывал у него в доме в Лос-Анджелесе, и поэтому разговор был без дипломатического вступления и носил откровенный характер.

Хаммер, с которым я встречался неоднократно и после этого разговора, в том числе и будучи министром здравоохранения СССР, был своеобразной личностью. Он мог выделить большие деньги для решения проблем, возникших во время землетрясения в Армении, и практически отказать в установлении специальной премии мира имени Хаммера, послав чек на 2 500 долларов Международному движению врачей, выступающих за предотвращение ядерной войны. Как известно, Хаммер по профессии был врачом. Но это был типичный бизнесмен, из всего извлекавший свою выгоду, в том числе и из связей с советским руководством.

Как я понял из разговора, кто-то из общавшихся с ним советских представителей, я уверен — по просьбе самого Черненко, попросил о консультации Черненко американскими специалистами. Хаммер в ответ на эту просьбу привез наблюдавшего его американского врача. Узнав о характере болезни и объективных показателях, очень милый и, видимо, знающий американский врач постарался быстро ретироваться, отделавшись общими рассуждениями и предложениями оставить нам некоторые применяемые им лекарственные средства. Профессор А. Г. Чучалин, наш известный пульмонолог, участвовавший в лечении Черненко, сообщил, что в данном случае они уже не помогут (кстати, они оказались с просроченным сроком действия). Наш американский коллега довольно быстро согласился с нами. Расставаясь, мы подарили А. Хаммеру, по его просьбе, специальный аппарат, который мы использовали при лечении Черненко и который очень заинтересовал нашего американского знакомого. Я не знаю, что сказал Хаммер Черненко при встрече, но больше попыток привлечения к лечению иностранных специалистов не предпринималось.

* * *

В декабре скончался Устинов. Это был настоящий «русский самородок» в советском военно-промышленном комплексе. С июня 1941 года он непрерывно, какие бы политические ветры ни проносились над страной, был одним из руководителей, обеспечивающих обороноспособность страны. В 33 года Сталин назначил его наркомом вооружений. Д. Устинов любил рассказывать, как драматически складывалось начало наркомовской карьеры. Молодой нарком любил езду на мотоцикле, да еще с приличной скоростью. Но однажды попал в аварию, сломал ногу и вынужден был проводить заседания коллегии в своей палате в больнице на улице Грановского Шла война, и «оригинальность» поведения наркома могла быть расценена как безответственность или мальчишество, не достойное руководителя такого ранга. Поправившись, Устинов готовился к самому худшему. На первом же заседании Сталин, как бы между прочим, заметил: «Идет тяжелейшая война, каждый человек на счету, а некоторые наркомы по собственной глупости ломают ноги. Товарищ Устинов, что, разве вам не выделили машину? Я распоряжусь на этот счет». Устинов понял, что гроза миновала.

Я познакомился с ним впервые благодаря Андропову, который был его близким другом. С самого первого момента мне понравились его сила воли, быстрота принятия решений, оптимизм, напористость, профессиональные знания в сочетании с определенной простотой и открытостью, характерных для «русской души». В моем представлении он олицетворял тех лучших представителей так называемой командно-административной системы, благодаря которым мы победили в Великой Отечественной войне, создали передовую технику, обеспечивающую, в частности, завоевание космоса. Возможно, я где-то пристрастен, но в этом представлении я опираюсь не только на свое восприятие Устинова, но и на мнение о нем моих знакомых и пациентов — таких, как Келдыш, Янгель, — да и многих других генеральных конструкторов.

Единственной его ошибкой, которую, как мне кажется, он до конца не осознавал, — была афганская война. Плохой политик и дипломат, он, как представитель старой сталинской «гвардии», считал, что все вопросы можно решить с позиции силы. Если я видел, как метался и нервничал в связи с афганской войной Андропов, понявший в конце концов свою ошибку, то Устинов всегда оставался невозмутимым и, видимо, убежденным в своей правоте.

Более близко мы сошлись с Устиновым в связи с несчастьями, обрушившимися на него. Вначале болезнь и смерть жены, затем его тяжелые заболевания — две операции по поводу злокачественной опухоли, инфаркт миокарда, урологическая операция. Другого бы весь этот комплекс болезней не только бы выбил из обычной рабочей колеи, но и сделал инвалидом. Но только не Устинова с его силой воли и колоссальной работоспособностью. До самого последнего момента — октября 1984 года — он в 8 часов утра был уже в кабинете министра обороны и заканчивал свой рабочий день в 10—11 часов вечера. И все это без выходных дней.

Конечно, для него многое сделала медицина и, главное, его семья — очень дружная, скромная, простая, лишенная начальственных амбиций. Но главное, конечно, характер, который раньше наделяли эпитетом «русский», указывавший на крепость духа, выносливость, упорство и широту души. Он легко отзывался на наши медицинские просьбы — помог в создании советского литотриптера, ряда хирургических аппаратов, по его предложению состоялся длительный (более 240 дней) полет врача, моего сотрудника Атькова, на космическом корабле, давший немало новых данных космической медицине. Человек неуемной энергии, он в отличие от других членов Политбюро даже отдыхать по-настоящему не умел. Помню, как из любимого им реабилитационного центра в Жигулях он вылетал на вертолете то в Самару на оборонные заводы, то вместе с бывшим министром авиационной промышленности И. С. Силаевым в Ульяновск на строительство авиационного завода.

Да и сама смерть Устинова была в определенной степени нелепой и оставила много вопросов в отношении причин и характера заболевания. Осенью 1984 года состоялись совместные учения советских и чехословацких войск на территории Чехословакии. В них принимал участие Устинов и министр обороны Чехословакии генерал Дзур. После возвращения с маневров Устинов почувствовал общее недомогание, появилась небольшая лихорадка и изменения в легких. Мы отвергли связь этого процесса с перенесенным злокачественным заболеванием. Удивительное совпадение — приблизительно в то же время, с такой же клинической картиной заболевает и генерал Дзур. Несмотря на проводимую терапию, вялотекущий процесс у Устинова сохранялся, нарастала общая интоксикация. Ситуация осложнилась тем, что на этом фоне начала прогрессивно расти аневризма брюшной аорты. Ее пришлось оперировать в экстремальных условиях. Операция протекала тяжело — в ходе ее началось массивное кровотечение в связи с так называемым состоянием фибринолиза. И здесь мне хочется опять помянуть добрым словом врачей бывшего 4-го управления.

Так как обычное переливание крови не давало эффекта, надо было срочно провести прямое переливание крови от донора. Все участники операции предложили свою кровь. Подошла кровь анестезиолога В. Западнова. Переливание тут же было проведено, и операцию удалось довести до конца, причем Западное продолжал работу. Когда где-то, в обычных условиях, в больнице возникает такая ситуация, об этом говорят чуть ли не как о своеобразном героизме. Здесь же это была обычная работа и обычное решение вопроса. Устинов, к сожалению, в дальнейшем погиб от нарастающей интоксикации, несмотря на использование всех возможных методов лечения.

* * *

Смерть активного, всегда жизнерадостного, несмотря на множество различных заболеваний, Устинова тяжело подействовала на Черненко, считавшего его своим близким другом. Это как будто бы подтверждалось и тем, что именно Устинов предложил кандидатуру Черненко на пост Генерального секретаря. В декабре погиб и другой хороший знакомый Черненко — Щелоков, покончивший жизнь самоубийством. Мне показалось, что эта смерть человека, с которым он долгое время, еще до Москвы, работал вместе, не произвела на него большого впечатления. Бывшие друзья Щелокова, в том числе и Черненко, я уверен, вздохнули облегченно от такого исхода, снимавшего вопрос: «А что делать в сложившейся ситуации с учетом разоблачений, ставших широким достоянием во времена Андропова?»

К этому времени Щелоков был исключен из состава ЦК КПСС, лишен званий и наград. Впереди было только судебное разбирательство, на котором могли всплыть данные, широкая огласка которых была бы нежелательной для некоторых высокопоставленных лиц. В прошлом я неоднократно встречался с Щелоковым, человеком несомненно одаренным, способным привлекать к себе людей. Он любил афишировать свои связи с творческой интеллигенцией — музыкантами, художниками, писателями. В противовес Андропову он слыл либералом, стремился подчеркнуть свою простоту и демократизм. Это была блестящая маска, под которой скрывалось другое, малоприятное лицо. Через свою агентуру он, видимо, знал о моих дружеских отношениях с Андроповым и Устиновым, которые были основными его противниками, а главное, людьми, знающими его суть. Поэтому наши отношения были прохладными и носили сугубо официальный характер. Но даже меня, человека далекого от Щёлокова, поразили его похороны, начавшиеся в Кунцевской больнице, случайным свидетелем которых я оказался. Что-то мрачное и тоскливое было в этот сумеречный декабрьский день в собравшейся небольшой группе родственников и близких в виде старушек, пытавшихся выполнить какие-то религиозные обряды в обстановке какой-то молчаливой сосредоточенности. Страшный конец блестящей жизни преуспевающего человека. Не дай Бог, как говорят в России, такого конца.

И опять подумалось о судьбе. Не было бы разоблачений Андропова, не приди его время, процветал бы Щёлоков и даже конец жизни был бы у него другим — с большой толпой сослуживцев, друзей (которые в данном случае быстро от него отвернулись), просто любопытных, с высокопарными речами на панихиде о его незабываемых заслугах, салютом и гимном на престижном кладбище.

Да что говорить — суета сует. Из своей долгой врачебной жизни, повидав тысячи смертей, я вынес одну истину: самое главное — это жизнь и здоровье человека. Только они достойны нашей борьбы, страданий и упорств. Особенно в этом меня убедили последние годы жизни Андропова и Черненко. Они достигли всего, о чем может мечтать человек — власти, почестей, обеспеченности. Но они были несчастны, потому что у них не было самого дорогого — здоровья, и дамоклов меч смерти висел над их головами. Они старались бороться с этим состоянием по-своему — не признавать его.

...В начале 1985 года меня пригласили в Чикаго прочитать лекцию в память о выдающемся американском враче Херрике, впервые описавшем в США инфаркт миокарда. Одновременно мои коллеги по Международному движению врачей, выступающих за предотвращение ядерной войны, просили меня, вместе с рядом советских профессоров, принять участие совместно с американскими врачами во встречах с общественностью в Лос-Анджелесе, Чикаго, Кливленде, Бостоне, Филадельфии и Нью-Йорке. Сознавая тяжесть состояния Черненко, я хотел отказаться от поездки в США. К моему удивлению, узнав об этом, Черненко попросил дать согласие на участие во всех мероприятиях. «Прошу, съезди в США, посмотри в госпиталях и клиниках, что есть нового в лечении таких больных, как я. Может быть, мне можно еще чем-то помочь». Учитывая мои возражения, мы договорились, что моя поездка будет укороченной — только Лос-Анджелес, Чикаго и Кливленд, где расположены крупные медицинские центры. Клиники Бостона и Нью-Йорка я уже хорошо к этому времени знал.

Не успел я вернуться к себе после разговора с Черненко, как раздался звонок и я услышал возмущенный голос Тихонова: «Евгений Иванович, в тяжелейшем состоянии находится наш Генеральный секретарь, а вы устраиваете себе турне по Америке. Вас не поймут в партии и стране. Ни в коем случае вам нельзя уезжать». Сколько раз я слышал подобные речи от людей, которые в достижении своих политических целей не думали о том, что скажут и что поймут простые люди или обычные, неноменклатурные члены партии. Думал ли тот же Тихонов, отстаивая кандидатуру больного Черненко на пост Генерального секретаря ЦК КПСС, о том, поймет ли его предложение масса членов партии? Ему это было абсолютно безразлично. Главное, что его устраивало, чтобы лидером страны был больной и безвольный человек.

Спокойно выслушав Тихонова, я предложил ему высказать все, что он мне говорил, самому Черненко, добавив, что именно он просил меня выехать в США. «Но если вы, — заключил я, — считаете это нецелесообразным, то поставьте вопрос на Политбюро». Не знаю, как дальше развивались события, но при очередном моем визите к Черненко он сказал мне с раздражением: «И что надо Тихонову, что он лезет в мои дела?» Не мог же я ему сказать, что Тихонов мечется, потому что не знает, что произойдет, если не станет Черненко. Долго ли он сохранит свой пост Председателя Совета Министров, тем более что и лет ему уже достаточно, а при Черненко он может чувствовать себя совершенно спокойно.

Вопрос о моей поездке, видимо, был предметом обсуждения в каких-то кругах, потому что вскоре позвонил Чебриков и дружески рекомендовал не обращать внимания на высказывания Тихонова и выезжать в США. Я это и собирался сделать, независимо от разноречивых мнений Тихонова и Чебрикова.

***

Возвращение в Москву было тягостным. Черненко постепенно угасал и проводил большую часть времени в больнице. Неопределенность положения я всегда чувствовал по резкому снижению «телефонной активности». Периодически звонил Горбачев. Я знал о его сложных отношениях с Черненко и всегда удивлялся неформальным просьбам сделать все для его спасения и поддержания здоровья. Я не оставлял у Горбачева иллюзий, сообщая, что, по мнению всех специалистов, речь может идти о нескольких, а может быть и меньше, месяцах жизни Генерального секретаря ЦК КПСС.

Тихонов, еще недавно возмущавшийся, по его словам, нашим спокойствием в данной ситуации, Громыко, Чебриков и другие члены Политбюро перестали интересоваться, что же происходит с Черненко. Единственный из Политбюро, кто проявлял активность, был Гришин, руководитель партийной организации Москвы, практически глава руководства столицы. Мне трудно судить о причинах этой активности, стремлении Гришина подчеркнуть свою близость к Черненко. Особенно она проявилась в период подготовки к выборам в Верховный Совет, которые состоялись в начале марта.

10 марта наступила развязка. Последние дни перед этим Черненко находился в сумеречном состоянии, и мы понимали, что это — конец. Сердце остановилось под вечер. Помню, что уже темнело, когда я позвонил Горбачеву на дачу, так как это был выходной день, и сообщил о смерти Черненко. Он был готов к такому исходу и лишь попросил вечером приехать в Кремль на заседание Политбюро, чтобы рассказать о случившемся.

Был поздний вечер, когда я поднимался на 3-й этаж известного здания в Кремле, где размещался Совет Министров СССР. Просто ли в четвертый раз, если считать смещенного Хрущева, докладывать о смерти Генерального секретаря ЦК КПСС? Каждая смерть для врача — это трагедия, а здесь еще и большая ответственность. Все ли сделано, чиста ли твоя совесть, даже не перед современниками, а перед историей? И что бы ни говорили, каждый лидер — это эпоха в жизни страны, каждого из нас. Другое дело, какой жизни — хорошей или плохой. Да и по этому вопросу у каждого свое мнение...

Охрана была, видимо, настолько удивлена моему сосредоточенному виду и появлению в столь неурочный час, что даже не проверила пропуск. На 3-м этаже, в отсеке, где еще при Брежневе был организован его кабинет и зал для заседаний Политбюро, было еще пусто. Постепенно стали появляться члены и кандидаты в члены Политбюро, секретари ЦК. Все уже, видимо, знали, что произошло, и сохраняли торжественно-траурное выражение на лицах. Но сквозь него иногда можно было уловить определенную растерянность и тревогу.

Чтобы не повторять каждому, кто подходил, о произошедших событиях, я зашел в комнату рядом с приемной, где обычно собирались приглашенные на заседание. Наконец все собрались, и дежурный попросил меня зайти в зал.

Заседание Политбюро вел Горбачев. По его просьбе я рассказал присутствующим о болезни Черненко, причинах смерти, хотя подавляющее большинство и без доклада знало всю суть. Кто-то, кажется Пономарев, задал какой-то пустяковый вопрос, и на этом первая часть заседания, связанная со смертью Генерального секретаря ЦК КПСС, лидера страны, была закончена.

Когда я вышел из здания, меня поразила панорама совершенно пустой площади, на которой в ожидании своих хозяев в свете люминесцентных ламп застыли большие черные машины. Чем-то тревожным повеяло от всей картины Кремля в этот по-своему исторический вечер.

Выезжая через Боровицкие ворота Кремля, я не думал в тот момент, что уезжаю из одной эпохи в другую эпоху, которая началась с «перестройки». Шел март 1985 года, перевернувший многое в жизни нашей планеты, в жизни моей страны, в жизни каждого из нас.

Начался период, полный драматических и трагических событии.

Часть 5

ПУТЬ НАВЕРХ М. С. ГОРБАЧЕВА

Почему, встретив в далеком январе 1971 года М. Горбачева, малоизвестного в то время партийного функционера, я поверил в него? Тогда мне удалось вырваться на короткий семидневный отдых в Кисловодск. Таких подарков судьбы в те годы у меня бывало немного. В первый же день пребывания в Кисловодске ко мне подошел руководитель нашего управления на Северном Кавказе А. Перекрестов и, несколько смущаясь, сказал: «Евгений Иванович, у нас сейчас отдыхает новый первый секретарь Ставропольского крайкома Михаил Сергеевич Горбачев. Он много слышал о Вас и хотел бы с Вами познакомиться».

К этому времени я уже разбирался в азах партийной иерархии и знал, что первые секретари крайкомов и обкомов — это своеобразные генерал-губернаторы, от которых во многом зависит жизнь на местах. Если же учесть, что мы, заново создавая систему охраны здоровья руководящих, научных и творческих кадров, развернули в то время большое строительство реабилитационных центров в Пятигорске, Железноводске и Ессентуках, станет понятным мое встречное желание познакомиться с первым человеком в крае. Понимал я и Горбачева, человека нового в периферийной партийной элите, ему было интересно познакомиться с молодым академиком, близким к высшему партийному руководству.

М. Горбачев тоже приехал на короткий отдых, кажется, после краевой партийной конференции. С той первой встречи у нас возникла взаимная симпатия. М.С. Горбачев мне понравился. Было приятно на фоне закостеневших партийных функционеров с их догматическими воззрениями или просто партийных карьеристов встретить человека с неординарным и смелым мышлением, лишенного так называемого «коммунистического чванства» и чиновничьих амбиций. Держался он естественно и непринужденно, во всем его облике была какая-то простота, которая поначалу казалась мне провинциальной. Разговорившись, мы пришли к заключению, что у нас много общего.

Те прогулки по зимним дорожкам Кисловодска на «Большое седло», легкий мороз, солнце, чудесный воздух, какая-то не передаваемая словами обстановка покоя и умиротворения, приятный собеседник настраивали на откровенный разговор. Вначале мы, как и все в тот период при встрече с незнакомыми, были осторожны в высказываниях и больше вспоминали прошлое, чем обсуждали настоящее, однако чем больше узнавали друг друга, тем все чаще переходили на обсуждение современных, в том числе и политических, проблем.

Думается, пальма первенства в этом принадлежала мне. Молодой секретарь Ставропольского крайкома был далек от «политической кухни», царившей в Москве, от той борьбы за власть, которая разъедала верхушку КПСС. По крайней мере многое, что я рассказал Горбачеву о борьбе между группами А. Н. Шелепина и Л. И. Брежнева, о взаимоотношениях Брежнева и Косыгина, причинах замены на посту Председателя Совета Министров РСФСР Г. И. Воронова М. С. Соломенцевым, о Ю. В. Андропове и других из окружения Брежнева, было для него откровением.

Сложно вспомнить все, что мы тогда обсуждали, но, покидая Кисловодск, я увозил не только теплые чувства к молодому секретарю крайкома КПСС, но и определенный оптимизм, связанный с появлением нового поколения партийных руководителей, отличавшихся честностью и оригинальным мышлением. Конечно, как и многие бывшие комсомольские работники, он был в некоторых вопросах ортодоксален и, главное, не до конца представлял себе весь комплекс сложных личностных и групповых интересов, которые царили в высшем руководстве и оказывали большое влияние на политику и жизнь в стране.

С этой декабрьской встречи в Кисловодске зародилась, как это не раз говорил Горбачев, наша дружба, которая продолжалась почти двадцать лет. Тогда я не мог даже представить, что придет время разочарований и наши пути разойдутся. Счастлив только в одном, что это случилось в конце 1989-го, когда еще «светилась звезда» Горбачева и когда он достиг того, о чем мечтал, — стал президентом великой сверхдержавы; еще до того, как деяния и позиция Горбачева, его противостояние с Ельциным поставили страну на грань катастрофы, привели ее к распаду. Мне было бы постоянным укором, если б наше отчуждение произошло в тот трагический для М. Горбачева момент, когда Б. Ельцин изгнал его из президентской резиденции в Раздорах и из Кремля, а те, кто пели ему панегирики, как, например, А. Яковлев, переметнулись в лагерь врагов.

Разрыв с М. Горбачевым дался мне нелегко. В одном прав В. Легостаев в своей книге об истории прихода Горбачева к власти — в том, что я был одним из тех, кто помогал ему на жизненном пути, помогал честно, бескорыстно, в полной уверенности, что это делается не просто по дружбе, но на пользу моей стране. Могу ли я укорять себя за это? Могу ли простить себе безграничную веру в М. Горбачева как благо для будущего моей многострадальной Родины? Сегодня находится немало тех, кто обвиняет нас в создании в 1985 году «культа» Горбачева. Им бы вспомнить слова Иисуса, сказанные (в защиту блудницы) фарисеям: «Кто из вас без греха, первый брось в нее камень». Один из этих камней должен был бы полететь даже в Б. Ельцина, активно способствовавшего избранию М. Горбачева Генеральным секретарем. Вспомним, с каким вздохом облегчения, с какой надеждой на будущее встретили партия и страна появление на политической арене молодого энергичного Генерального секретаря.

***

Недавно мы встретились с одним из ближайших друзей Горбачева в период его становления как партийного руководителя. Это бывший председатель Ставропольского КГБ

Э. Б. Нордман. Я хорошо знал среду КГБ, в которой было немало честных, порядочных людей, но даже среди них Нордман, бывший белорусский партизан, выделялся своей прямотой, простотой и честностью. Он был далек от интриг, которые любили «закручивать» некоторые деятели КГБ, чтобы утвердить свое положение, проявить активность перед начальством, снабдить его необходимой информацией, которую оно в свою очередь могло использовать в своих целях. Так что М. Горбачеву повезло с начальником управления КГБ, да он этого и не скрывал. В определенной степени именно Э. Нордману Горбачев был обязан первыми шагами в своей карьере, в частности избранием первым секретарем Ставропольского крайкома.

Как рассказывал Нордман, незадолго до пленума крайкома КПСС, на котором должен был решаться вопрос о первом секретаре, его пригласил к себе первый заместитель председателя КГБ С. Цвигун. Надо сказать, что в тот период КГБ становился организацией, которая во многом определяла не только жизнь страны, но и жизнь партии. Все кадровые назначения, в том числе и партийные, согласовывались с руководством КГБ. Если учесть, что во главе этой организации стояли люди, близкие Л.И. Брежневу, — Андропов, Цвигун, Цинев, то понятно, почему так много значило мнение КГБ в подобных решениях. Цвигуна интересовало, насколько связан Горбачев как бывший руководящий комсомольский функционер с группой А. Шелепина — В. Семичастного, которые были руководителями комсомола страны в бытность М. Горбачева на посту секретаря обкома комсомола. Считалось, что именно они составляют основную оппозицию Л. Брежневу. Э. Нордман убедил С. Цвигуна, что Горбачев далек от Шелепина и от Семичастного и ничего общего с этой группой не имеет. Это один из штрихов существовавшей тогда сложной системы подбора руководящих кадров, но в конце концов именно такие штрихи определяли вхождение тех или иных личностей в круг власти.

Жизнь Э. Нордмана сложилась непросто. Ю. В. Андропов, который познакомился с ним во время отдыха в Кисловодске, оценив его честность и считая преданным себе человеком, предложил ему возглавить республиканское управление

Северном Кавказе во многом определила его судьбу. И надо сказать, что, в отличие от сегодняшнего дня, тогда он это понимал и не раз говорил мне об этом. «Может быть, тебе удастся уговорить и Леонида Ильича приехать к нам на отдых, тем более что он когда-то бывал в Кисловодске, — сказал он. — Проблема одна: негде на хорошем уровне принять его да и других руководителей. Может быть, ты поговоришь с Андроповым о строительстве госдач в Кисловодске, Архызе, Домбае?» Я обещал сделать это, пошутив, что утром мы можем забить колышки на месте будущей дачи в Архызе. И действительно, утром мы вместе со всеми совершили такой обряд, а через два года отмечали открытие на этом месте новой туристической базы. Впоследствии здесь отдыхали не только многие руководители нашей страны, но и главы ряда других государств.

Сегодня архызская дача вошла в печальную историю нашей страны, так как именно там во время встречи М. Горбачева и Г. Коля были приняты решения о будущем Германии. Наверное, на стене дачи можно было бы установить мемориальную доску, на которой начертать, что именно здесь М. Горбачев и Э. Шеварднадзе капитулировали перед «великой Германией», перед Г. Колем и Х. Геншером. Как рассказывал нам бывший посол в США А. Бессмертных, даже американцы были удивлены позицией М. Горбачева и Э. Шеварднадзе. Они, в принципе, были готовы подписать соглашение, в котором указывались бы гарантии нераспространения НАТО на Восток и предусматривалось размещение ограниченного контингента советских войск на территории Восточной Германии. Конечно, действующие лица этих событий приведут массу оправданий своим решениям и ссылок на обстоятельства. Михаил Сергеевич любит философию и, наверное, помнит высказывание Платона: «В своих бедствиях люди склонны винить судьбу, богов и все, что угодно, только не самих себя». Но зачем обращаться к столь далекому прошлому, когда поучиться защищать свои интересы можно бы у Р. Рейгана, Д. Буша, да и у самой Германии.

Когда я узнал о сути подписанного соглашения, невольно вспомнил слова Г.К. Жукова, произнесенные в разговоре со мной, но обращенные ко всему моему поколению: «Столько жизней отдано за Победу, что, если вы не сохраните ее результатов, потомки вас проклянут». Последние годы жизни Жукова я был тесно связан с ним, да и умирал он на моих руках. Как бы он воспринял эти соглашения?

Судьба этого великого человека неповторима, полна взлетов и падений, но, несмотря ни на что, он сохранил необыкновенную силу воли, порядочность, честность и великую любовь к своему народу и своей Родине. Таких людей я мало встречал на своем большом жизненном пути. Мы познакомились с ним в 1967 году, когда он перенес инфаркт миокарда. В этот период официальные круги относились к нему, мягко говоря, прохладно. Мое высочайшее к нему уважение и постоянная забота способствовали возникновению между нами добрых, дружеских отношений. Понимал он и то, что остался жив только благодаря предложенной мной методике тромболитической терапии.

А было это так. Вскоре после нашего знакомства Жуков попал в больницу с нарастающим тромбозом мозговых сосудов в стволовой части мозга, где расположены жизненно важные центры. Состояние его было безысходным, оставались считаные часы. Помню, как к нему, несмотря на наши возражения, приехал от имени всех военачальников маршал Гречко, в то время министр обороны, и, испуганный, растерянный, оказался около умирающего, ни на что уже не реагирующего Жукова. Для чего нужно было это показное внимание? Видимо, кто-то «наверху», как тогда говорили, хотел, чтобы не было кривотолков вокруг последнего периода жизни героя Великой Отечественной войны.

Приговор расширенного консилиума был единогласным — через несколько часов наступит смерть. Тогда я был молод, полон оптимизма и научного энтузиазма, мог рисковать. Многое, что мы делаем в годы творческой молодости, не укладывается в рамки сложившихся представлений; сегодня сердце сжимается только при воспоминаниях о подобных случаях. Судьба меня хранила — мне везло, и у нас не было срывов. Так было и в случае с Георгием Константиновичем, когда, получив молчаливое согласие консилиума во главе с нашим ведущим невропатологом, прекрасным врачом и человеком Е.В. Шмидтом, мы рискнули ввести новый препарат, разрушающий тромб. Это был величайший риск, ибо в 70% случаев его введение могло вызвать кровотечение из поврежденной артерии и ускорить гибель. Но, наверное, судьба хранила Жукова — нам повезло: буквально на наших глазах восстановились дыхание, глотание, речь, исчезли признаки сердечной недостаточности.

Вместе с нами была безумно счастлива жена Георгия Константиновича Галина Александровна. Она была его ангелом-хранителем. Немного видел я жен, с такой силой воли и с такой любовью боровшихся за жизнь и благополучие своего мужа (может быть, по характеру и по поведению близка к ней была жена К. Симонова).

Потом, когда Г. К. Жуков написал свои известные мемуары, он, вручая их мне на память, сказал: «А ведь без Вас их могло и не быть».

Рок преследовал Жукова до последних дней жизни. У его жены, которая была гораздо моложе его, обнаружился рак с быстрым прогрессированием процесса, она «сгорела» буквально на глазах. Жуков, не раз смотревший смерти в глаза, не перенес гибели жены и буквально через месяц попал в больницу с повторным нарушением мозгового кровообращения. Несколько месяцев — с февраля по июнь 1974 года — он лежал в больнице на улице Грановского, забытый не только официальными кругами, но и своими бывшими товарищами. Мало кто навещал его, помню лишь приезд Косыгина, который, думаю, еще раз этим подтвердил свою высокую честность и порядочность. Я часто бывал в этот период у Г. К. Жукова, и мне всегда было грустно смотреть на его одиночество. Почему жизнь бывает так несправедлива?..

* * *

Но вернемся в Архыз, в 1971 год. Там я впервые познакомился с Р. М. Горбачевой, сыгравшей большую роль в событиях, которые привели к трагическим последствиям — распаду страны и возникшему вслед за этим кризису. Вы спросите, может быть, она была одной из тех, кто стал «роком» для Советского Союза? В истории немало таких роковых женщин, менявших сложившийся государственный и политический строй, способствовавших вознесению или падению лидеров государств. Несомненно одно: ее мнение для Михаила Сергеевича было решающим не только в домашних делах. Тогда, на Северном Кавказе, она не произвела на меня большого впечатления. Ничем не выделявшаяся жена руководителя соответствующего масштаба, типичная не только своей манерой одеваться, но и манерой держаться — то ли жеманностью, то ли стремлением к наставлениям. Узнав, что она преподает в институте философию, я даже подумал, что назидательный стиль своего поведения и разговора со студентами она перенесла в обыденную жизнь. При наших встречах она никогда не обсуждала политические вопросы или темы, связанные с жизнью «в верхах». Разговоры носили больше житейский характер или касались проблем медицины, тем более что ее дочь поступила в медицинский институт. При всех дружеских отношениях Раиса Максимовна казалась мне суховатой дамой, создающей себе имидж мыслящей женщины с определенным философским подходом к жизни, окружающему миру. Может быть, я в чем-то ошибаюсь, но такой ее образ сложился у меня в 70-е годы.

Что привлекало, так это ее отношение к мужу. В тоне и характере ее обращения к нему, «Михаил Сергеевич», даже в очень узком кругу сквозило ощущение уважения, любви и в то же время какого-то товарищества. Мне казалось, что именно Раиса Максимовна, а не Михаил Сергеевич являлась тем стержнем, который объединяет семью, определяет ее жизненное кредо и стиль поведения. Да и он сам невольно своим поведением, высказываниями, а часто и сознательно подчеркивал не только свою любовь, уважение к ней, но и значимость ее мнения при принятии им тех или иных решений. Не скрою, в те годы меня порой удивляло, как Михаил Сергеевич если не обожествлял, то по крайней мере превозносил в общем-то обычную женщину. То же самое как-то, уже будучи Генеральным секретарем, сказал мне и Ю. В. Андропов: «Всем хорош Михаил Сергеевич, но уж слишком часто по всем вопросам советуется с женой».

У нас сложились в целом дружеские отношения с Раисой Максимовной, к которой я всегда относился как к жене доброго товарища. Я чувствовал, что в ответ и она относится ко мне по-доброму. По крайней мере в сложный момент жизни, когда Р.М. Горбачева, еще находясь в Ставрополе, заболела и решался вопрос, продолжать ей педагогическую деятельность или оставить работу, она обратилась ко мне, ценя, как она сказала, мои человеческие и профессиональные качества. Когда я увидел эту издерганную, представлявшую собой «комок нервов» женщину, у которой на этой почве начали появляться изменения со стороны сердца, я порекомендовал ей немедленно оставить работу и посвятить себя семье. Так она и сделала и, думаю, спасла не только себя, но и помогла М. С. Горбачеву в его нелегкой жизни.

Вспоминаю, как одинока она была сразу после переезда в Москву, как скромно и незаметно держалась в «кремлевском обществе», среди кремлевских жен. И вдруг — такая метаморфоза, причем очень быстрая, которая произошла, когда она стала «первой леди» страны; эту роль она блестяще играла на всем протяжении «царствования» Михаила Сергеевича. Тем не менее ее манера поведения, безапелляционные высказывания многих раздражали и создавали врагов не только для нее, но и для Михаила Сергеевича. Мне кажется, что свои семейные принципы — а в семье, по словам Горбачева, именно она была «секретарем парткома» (мы еще помним, что значил этот пост) — она пыталась перенести на весь Советский Союз. Лавры политического деятеля, пусть даже теневого, не давали ей покоя. Причем это стремление иногда принимало гротескные формы.

Как-то ей пришла мысль создать своеобразный клуб жен членов Политбюро и секретарей ЦК. И вот в моем кабинете министра здравоохранения раздается звонок — Раиса Максимовна приглашает меня сделать сообщение о проблемах охраны здоровья народа на встрече с «высокопоставленными» женами. В доме приемов на Воробьевых горах собрались пожилые и средних лет женщины, самые разные по внешнему виду и интересам. Глядя на лица многих из них во время изложения проблем нашего здравоохранения, я почему-то вспомнил обязательные лекции, которые мы как члены партии или члены профсоюза должны были периодически прослушивать. У каждой из пришедших на встречу были свои домашние заботы, дети и внуки, свои проблемы, и я чувствовал, что они как повинность отбывают эти обязательные часы. Но попробуй откажись, когда приглашает жена генсека! Лишь Р. М. Горбачева искренне верила в значимость подобных заседаний. После того как я изложил плачевное состояние системы здравоохранения, она сказала: «Мы Ваши единомышленники, и мы Вам поможем». Но, как часто бывало при Михаиле Сергеевиче, «суждены нам благие порывы, но свершить ничего не дано»; так ничем все и закончилось.

* * *

В далекие 70-е годы я все же четко осознавал, что М. Горбачеву далеко до политической мудрости и организаторских способностей тех же А. Н. Косыгина и Ю. В. Андропова, в которых я видел эталон возможного руководителя страны. К сожалению, оба не смогли в силу различных обстоятельств раскрыть свои возможности. На их фоне М. Горбачев выглядел хорошим партийным руководителем, с новыми идеями и мыслями, но не лидером великой державы. Да он и сам не представлял себе, что его ждет такое будущее. С другой стороны, если не М. Горбачев, то кто из более молодого поколения мог бы потенциально претендовать на эту роль: Долгих, Воротников, Катушев, Романов, Рябов, Манякин — можно было бы вспомнить еще десяток фамилий. Но все они (может быть, хорошие организаторы) не смогли бы, как мне представляется, вырваться из рамок сложившейся партийной догмы, предложить новые пути в развитии нашей страны.

И еще раз надо сказать, что, несомненно, решающую роль в судьбе М. Горбачева, в его становлении как политического деятеля, вхождении в элиту руководителей страны — в Политбюро — сыграл Ю. В. Андропов. После первых встреч с Горбачевым однажды я завел разговор с Андроповым об оригинальных взглядах, интересных планах и нестандартном мышлении молодого секретаря Ставропольского крайкома КПСС. Андропов, всегда немногословный в оценке людей, сказал: «Я встречаюсь с ним, когда отдыхаю в Кисловодске, и он производит впечатление неординарного партийного руководителя, да и человек он приятный».

Умный и расчетливый политик, опиравшийся в те времена в основном на поддержку Л. Брежнева и такую всемогущественную организацию, как КГБ, Ю.В. Андропов понимал, что один из его главных недостатков — отрыв от широких кругов партийных руководителей, где он не мог, в отличие от Кириленко или Черненко, иметь достаточную опору. Одновременно он хорошо осознавал, какой властью обладает этот круг людей. Понимая, что его время еще не пришло, Андропов делал все возможное для сохранения на посту Генерального секретаря дряхлого, с прогрессирующим склерозом Леонида Ильича.

Ю. В. Андропов, думая о будущем, как дальновидный политик пытался найти в среде партийных работников и привлечь на свою сторону прогрессивных, умных людей, избегая карьеристов, пропитанных догматизмом и чванством. На Северном Кавказе не только во время официальных встреч и проводов, но главным образом в ходе неофициальных бесед и дискуссий за шашлыком на природе, где все располагало к откровенности, состоялось знакомство и с каждым годом крепли товарищеские отношения между Андроповым и Горбачевым.

Андропов не афишировал своих планов в отношении Горбачева. Я узнал о них в определенной степени случайно. Однажды, когда мы встретились с М. Горбачевым в Архызе, у меня возникла неординарная ситуация, каких, по правде сказать, было немало в моей жизни. Только мы сели вокруг приготовленного нами шашлыка, как из поселка приехал вестовой и передал просьбу срочно позвонить Андропову. Архыз еще не был обустроен, и связь работала только в поселке. Горбачев начал волноваться — что-то случилось в Москве, если вот так внезапно, вечером в горах ищут начальника 4-го управления. Я более спокойно воспринимал такие звонки и внезапные вызовы, понимая, что для Андропова состояние здоровья Брежнева было залогом благополучия и поэтому он бурно реагировал на малейшие его изменения.

Связь с Москвой работала плохо, но все же минут через десять я разговаривал с Андроповым. Связь была открытой, поэтому разговор шел намеками. Я понял, что у Брежнева, который отдыхал в Крыму, возникли проблемы со здоровьем и что я должен срочно вылететь в Крым. «Дмитрий Федорович обеспечит Вам переезд, — сказал Андропов. — Передайте привет Михаилу Сергеевичу и извините, что пришлось прервать вашу встречу». И тут я еще раз уяснил, что каждый шаг, каждое знакомство мое (да, вероятно, и Горбачева) находятся под пристальным вниманием такой могущественной организации, как КГБ. Затем в трубке послышался голос Дмитрия Федоровича Устинова, не только моего пациента, но и «доброго товарища», как он сам представлялся мне и которого я очень уважал и высоко ценил: «Евгений, сейчас темно, вертолет в горы, да еще в ущелье, прилететь не может. Но как только начнется рассвет, он будет у тебя, доставит на военный аэродром в Гудауту, а оттуда ты вылетишь в Крым. Так что будь к рассвету готов».

Возвращаясь, я увидел, как плотный туман начинает окутывать долину. «Куда в такой туман лететь? — искренне волновался Михаил Сергеевич. — Разобьется вертолет. Да я думаю, он и не прилетит. Давайте садиться за стол, а то шашлык остынет». Вечер прошел весело, шумно, как бывает всегда, когда встречаются хорошие знакомые.

Утром действительно стоял плотный туман, и я уже думал, что прав окажется Михаил Сергеевич, как вдруг услышал нарастающий шум, и вскоре над нами завис военный вертолет. Поскольку приземлиться он не мог, летчики спустили для меня веревочную лестницу. Через 30 минут мы уже были в Гудауте, а через полтора часа я садился в автомашину в Симферополе.

Брежнев удивился, увидев меня утром у своей постели. «Ты же, говорят, где-то в горах Кавказа с Горбачевым, как ты тут оказался?» Конечно, я не стал все ему рассказывать, но вызов на сей раз оказался действительно своевременным — у Брежнева начиналось воспаление легких. Из Крыма я вернулся в Москву и, как всегда после таких поездок, встретился с Ю. В. Андроповым. Подробно обсудив все вопросы, связанные со здоровьем Брежнева, Андропов вдруг неожиданно завел разговор о Горбачеве. «Ну как там Горбачев? Успели вы шашлык съесть? Я люблю бывать в Архызе. Место Вы с Горбачевым выбрали чудесное. Я знаю, что Вы очень разборчивы в знакомствах и живете замкнуто. Это в наше время правильно. Сколько проходимцев, сплетников, карьеристов, льстецов вокруг, иногда и разобраться трудно. Но на Михаила Сергеевича можно положиться. Это другой человек, и я думаю, что Вы не ошибаетесь в нем. С ним можно дружить. Конечно, было бы хорошо, если бы он был в Москве. Но на сегодня я не знаю, как это сделать».

* * *

Летом 1978 года в Москве состоялись Пленум ЦК КПСС и сессия Верховного Совета СССР. М.С. Горбачев приехал на заседание вместе с женой. Мы встретились, как старые друзья. Незадолго до этого мне было присвоено звание Героя Социалистического Труда, и я предложил вместе отметить это событие.

Мы были втроем, поэтому разговор, как бывает среди старых знакомых, сразу принял непринужденный и откровенный характер. Даже Раису Максимовну покинула некая чопорность, которая бывала при других наших встречах, тогда это была простая милая женщина, «без комплексов», как сейчас принято говорить. Мы обсуждали все: театр, который любили Горбачевы, литературу, философию, 4-е управление и Северный Кавказ. Незаметно разговор перешел на ситуацию в партии, стране, положение в руководящей верхушке. Я рассказал о разговоре с Андроповым, о его желании видеть Михаила Сергеевича среди руководства в Москве. Горбачев ответил, что некоторые предложения были, но они его не устраивают и пока он перспектив для себя в центре не видит. Мы расстались с надеждой на лучшее будущее для М.С. Горбачева, которого он заслуживал, но пока, к сожалению, без реальной перспективы.

И опять, как не раз я наблюдал в жизни, вмешалась судьба. Я не отвергаю ни значимости политической ситуации, ни влияния определенных общественных сил, ни состояния экономики, ни, как еще недавно было принято говорить, роли «народных масс» и их влияния на ход исторических событий, на борьбу за власть. Не отвергаю я и личностных качеств лидеров. Но сколько раз рок, другого слова не подберешь, на моих глазах возносил человека на пьедестал и свергал его оттуда. В истории восхождения к власти многих политических деятелей — Брежнева и Андропова, Черненко и Горбачева, Ельцина — были такие непредсказуемые повороты судьбы, и не будь их, неизвестно, как сложилась бы их жизнь. Для Горбачева одна из таких ситуаций возникла в июле 1978 года.

Расставаясь с ним в первых числах июля, я, да и, уверен, он сам не предполагали, что развитие событий примет такой оборот. 17 июля 1978 года я, как всегда, в 8 утра уже был в своем кабинете. Не успел я ознакомиться с рапортами дежурных, как раздался звонок правительственной связи, и я услышал срывающийся на рыдания голос жены Ф. Кулакова. Она просила меня срочно приехать на дачу — ей кажется, что с мужем что-то случилось. Я очень хорошо знал Федора Давыдовича. В 1969 году мы случайно обнаружили у него рак желудка; к счастью, процесс находился в ранней стадии и операция, выполненная главным хирургом 4-го управления профессором В. С. Маятом, привела к полному излечению, по крайней мере при тщательном ежегодном обследовании мы не обнаруживали рецидивов болезни. Естественно, у нас сложились добрые отношения пациента и врача. На них накладывало отпечаток и то, что Ф. Кулаков входил в группу доверенных лиц Брежнева. По крайней мере во встречах самых приближенных лиц, которые устраивал Леонид Ильич, когда находился в больнице, постоянно участвовал и Кулаков.

Это был человек, искренне преданный Брежневу. На его глазах произошло разительное изменение личности генсека, он тяжело переживал складывающуюся обстановку, связанную с утратой Леонидом Ильичом Брежневым активности, конкретного мышления, а отсюда — способности к руководству. Трудно сказать, что именно повлияло: понимание политической обстановки, которая не сулила впереди ничего хорошего, диагноз рака, который хотя и не проявлялся, но мог в любой момент рецидивировать, непростые семейные обстоятельства, но врачи и близкое окружение стали замечать, что Федор Давыдович начал злоупотреблять алкоголем. Мы предупреждали его, что организм ослаблен болезнью, что появились признаки коронарной недостаточности, поэтому употребление алкоголя может вызвать тяжелые осложнения.

Он как будто соглашался с нами, какое-то время держался, а потом опять происходили срывы. Я вынужден был рассказать Брежневу и Андропову о проблемах, которые у нас возникли с Кулаковым. Брежнев никак не отреагировал на сообщение, а Андропов обещал мне по-товарищески поговорить с Кулаковым, с которым он был в хороших отношениях. Не знаю, состоялся ли такой разговор, но в поведении Кулакова ничего не изменилось.

Дача Кулакова находилась на Рублевском шоссе в районе станции Усово. Потребовалось минут тридцать, чтобы добраться, и все же я был первым, кто вошел в спальню, где находился Федор Давыдович. Для меня стало ясно, что у него наступила внезапная остановка сердца в связи с болезнью. Я искренне переживал смерть этого доброго, простого, по-своему несчастного человека, который хоть и не блистал талантами, но ответственно относился к своему делу.

* * *

Л. И. Брежнев, Ю. В. Андропов, да и другие члены Политбюро без больших эмоций восприняли сообщение о смерти Ф. Д. Кулакова. Брежнев сказал: «Жалко Федю, хороший был человек и специалист отменный. Кто его теперь заменит?» —

и попросил Черненко и Андропова сделать все возможное, чтобы не было ненужных разговоров вокруг этой трагедии. Андропов попросил меня подъехать к нему, и, после того как я изложил ему причины смерти Кулакова, он, как мне показалось, искренне посетовав на смерть одного из своих товарищей, близких Брежневу, сказал: «На это место надо выдвигать Горбачева. Это не только умный и толковый руководитель, но и наш человек». Возвращаясь от него, я думал о логике жизни: уходит человек, но его уход определяет судьбу другого, который приходит ему на смену.

Я понял, что Андропов начал действовать. Мне стало известно, что он и Устинов встречались с Брежневым и речь шла о назначении Горбачева на место скончавшегося Кулакова. Не знаю, что ответил им Брежнев, но в первых числах августа мы опять разговаривали с Андроповым. Человек осторожный, не раскрывавшийся до конца даже с самыми близкими людьми, он, хотя и знал о наших дружеских отношениях с М. Горбачевым, лишь в общих чертах обрисовал складывающуюся ситуацию: «Леонид Ильич хорошо отзывается о Горбачеве, вроде и поддерживает, но что-то мнется с решением. Нет ли тут влияния Черненко? Возможно, у него есть своя кандидатура. Правда, нам об этом ничего не известно. Да и не знает Черненко о наших дружеских отношениях с Горбачевым. Я знаю, что вы в ближайшие дни будете у Леонида Ильича (он отдыхал в Крыму), хорошо, если бы вы нашли способ выяснить его мнение о Михаиле Сергеевиче. Вероятно, будете и у Черненко (тот после отставки Подгорного отдыхал в Крыму, рядом с дачей Брежнева). Может быть, удастся узнать и его позицию в отношении Горбачева».

В это время, учитывая состояние Л.И. Брежнева, я очень часто бывал у него в Крыму. Почему-то мне запомнилось число: 6 августа 1978 года — день, когда я впервые после разговора с Андроповым встретился с Брежневым. Стояла жаркая даже для Крыма погода, но в спальне, где мы вместе с лечащим врачом М. Косаревым проводили консультации, было прохладно. Л. И. Брежнев, который из-за действия снотворных средств просыпался поздно и очень долго приходил в себя, был в таком состоянии, что начинать с ним разговор, о котором говорил Ю. В. Андропов, было бессмысленно. Выручил сам Брежнев: «Знаешь, Евгений, ты подожди. Я сейчас соберусь, и мы пойдем на пирс. Посмотришь, как я плаваю».

Действительно, минут через тридцать он появился, и мы пошли к морю. По мере того как Л. Брежнев дряхлел и у него усугублялся склероз, все более четко обозначались две его навязчивые идеи — несмотря ни на что, он должен плавать в море и охотиться. Видимо, этим он хотел доказать окружающим, а возможно, прежде всего самому себе, что еще сохранил свою активность и форму, которой всегда гордился.

Как это похоже на Б. Ельцина, который, перенеся инфаркт миокарда, пытался играть в теннис и охотиться в том же Завидове, которое было любимым местом Л. Брежнева. До чего же желанна, сладка и в то же время коварна власть, если ради нее мучаются, страдают больные и дряхлые политические лидеры, создавая видимость здоровья, бодрости и работоспособности, — и вот кто-то плавает в бассейне или в море, кто-то охотится, кто-то играет в теннис, не сознавая, что эта показная активность вызывает у врагов злорадство, а у обычного обывателя — раздражение, смешанное с иронией…

До пирса было всего метров двести, но мы дошли до него минут за пятнадцать. Я не знал, как начать разговор, но Брежнев сам его завел. Пошла речь о Москве, о событиях в политике и жизни, о недавней смерти Кулакова. Брежнев стал перебирать по памяти возможные кандидатуры на освободившееся место секретаря ЦК и первым назвал Горбачева. «Правда, есть и возражения, — добавил он, — хотя большинство говорят, что он стоящий партийный руководитель. Вернусь в Москву — все взвесим». Конечно, я сказал в адрес Горбачева все добрые слова, которые были возможны в этой обстановке.

Выразив свое удовольствие по поводу того, что Брежнев плавает, стремится вести активный образ жизни, я откланялся и по дорожке вдоль моря отправился на соседнюю дачу, к Черненко. Он был в домике около моря и весьма радушно принял меня. За чаем шел разговор в общем и ни о чем. Обсуждали проблемы его здоровья, наконец, перешли на тему, которая его весьма волновала, — состояние здоровья Брежнева. Он часто, даже на отдыхе, встречался с ним и реально представлял, как быстро идет процесс разрушения личности. «В этой ситуации, — заметил он, — важно, чтобы вокруг него были настоящие друзья, преданные люди». Перечисляя окружение, он с сожалением сказал, что ушел из жизни близкий Брежневу Ф. Д. Кулаков. «На его место, — продолжал он, — есть целый ряд кандидатур. Леонид Ильич хочет выдвинуть Горбачева. Отзывы о нем неплохие. Но я его мало знаю с позиций человеческих качеств, с позиций отношения к Брежневу. Вы, случайно, его не знаете?» К этому времени я уже выучил азбуку поведения в политической борьбе или интриге — называйте это как угодно. Нельзя раскрывать свои карты, надо больше молчать, больше спрашивать и узнавать, делая вид, что и ты многое знаешь. Да и верить в искренность слов надо с определенной натяжкой. Вот почему я не стал раскрывать Черненко наших дружеских отношений с М. Горбачевым, а, будто между прочим, сказал, что, часто бывая на Северном Кавказе, слышал о нем много хорошего. Из этого разговора я понял, что Черненко не знает о том, что выдвижения Горбачева добивается Андропов. Кстати, о наших дружеских отношениях с Горбачевым Черненко не знал и позднее, когда стал Генеральным секретарем.

Вернувшись в Москву, я рассказал Ю. В. Андропову о наших встречах с Брежневым и Черненко. Он не скрывал своего удовлетворения тем, что Брежнев думает выдвинуть на пост секретаря ЦК М. Горбачева. «Для нас очень хорошо, что Горбачев будет в Москве», — заявил он в заключение. Кого он подразумевал, говоря «нас», я тогда так и не понял; было бы правильнее сказать не «нас», а «меня».

И вот 27 ноября 1978 года Пленум ЦК КПСС избирает М. С. Горбачева секретарем ЦК КПСС по проблемам сельского хозяйства. Знаменательно, что на этом же пленуме К. У. Черненко переводится из кандидатов в члены Политбюро, а Н. А. Тихонов и Э. А. Шеварднадзе избираются кандидатами в члены Политбюро.

В судьбе Горбачева это было решающее событие: он переезжает в Москву, входит в состав высшего руководства, и перед ним открывается дорога к вершинам власти. Неизвестно, как бы сложилась его жизнь да и судьба страны, если бы он остался в Ставрополе, если бы не было ноября 1978 года. Зная все перипетии, предшествовавшие этому назначению (изложение, как видите, заняло несколько страниц), я никак не могу согласиться с Р. Горбачевой — она явно лукавила, заявляя в своих мемуарах, что переезд в Москву был неожиданным для их семьи.

* * *

Оглядываясь назад и вспоминая переезд М. Горбачева в Москву, я задаюсь вопросом: а думал ли кто-нибудь всерьез, в том числе и сам Михаил Сергеевич, что тогда он прошел первую ступень на пути к высшей власти, которая в то время отождествлялась с должностью Генерального секретаря ЦК КПСС? Представляли ли мы, знавшие Горбачева, что среди нас политик, который «перевернет весь мир»? Другой вопрос: во имя чего и что за этим последует, что будет со страной, с народами великой державы?! Уверен, никто даже представить себе этого не мог.

В Москве после назначения секретарем ЦК КПСС, через год — кандидатом в члены Политбюро, а еще через год — членом Политбюро М. Горбачев держался крайне осторожно, стараясь не выделяться. Его высказывания и выступления были взвешены. Видимо, перед его глазами была печальная судьба коллег, подобных ему молодых секретарей ЦК, выходцев из среды местных партийных руководителей К. Катушева и Я. Рябова. Но мне кажется, во многом его линия поведения определялась советами Ю. Андропова. Постепенно Горбачев занял почетное место в элите партийных руководителей, все больше и больше становился «нашим» в центральном аппарате партии.

Из случайных высказываний и коротких замечаний Брежнева я уловил, что он начал симпатизировать молодому секретарю ЦК КПСС по сельскому хозяйству и поддерживать его; ему импонировали активность Горбачева, определенная новизна в его подходах к аграрной политике. Только за первый год работы под руководством Горбачева было выпущено шесть или семь постановлений по вопросам сельского хозяйства. Другое дело, как эти решения воплощались в жизнь; но, впрочем, этот вопрос можно было бы в дальнейшем обратить к М. Горбачеву и как к руководителю страны.

М. Горбачеву, как я понимал, было нелегко не только в партийном аппарате, но и в руководимом им аграрном комплексе. Министр мелиорации и водного хозяйства Васильев был тесно связан с днепропетровским окружением Брежнева и играл немалую роль в формировании мнения о том или ином руководителе. Беляк — министр машиностроения для животноводства и кормопроизводства (министерства явно надуманного) был женат на сестре Виктории Петровны Брежневой, и этим все сказано. Пустой, амбициозный и к тому же хамоватый, он был среди «косыгинских» министров одиозной личностью. Другие руководители аграрного комплекса — Месяц, Хитрун — были тесно связаны с центральным партийным аппаратом, имели большой вес и широкие связи с руководством страны. Объединить столь разных людей, остаться со всеми в хороших отношениях, пользоваться их поддержкой мог только очень искусный дипломат и политик.

В этом отношении мне запомнился 50-летний юбилей Михаила Сергеевича. У него на даче собралось все руководство агропромышленного комплекса. И хотя торжество проходило в дружеской, «домашней» атмосфере, я ощущал внутреннее напряжение Горбачева. Надо сказать, что и в Политбюро многие (Н. А. Тихонов, В. В. Гришин, А. А. Громыко) относились к М. Горбачеву в тот период по меньшей мере снисходительно.

После переезда в Москву Горбачевы жили замкнуто. Их поселили, согласно существовавшей табели о рангах, в деревянной даче старой постройки в Сосновке, близ пересечения Рублевского шоссе с Московской кольцевой автомобильной дорогой. Место было неудачное — неподалеку находилась Кунцевская птицефабрика, «ароматы» которой при определенном направлении ветра заполняли всю округу. С облегчением вздохнула семья Горбачевых, когда в связи с переходом

Михаила Сергеевича на новую ступень в партийной иерархии ему предоставили в районе Усово комфортабельную дачу, которая когда-то была построена для Ф. Д. Кулакова.

Наши дружеские отношения сохранились и после переезда Горбачева в Москву. Традиционно, по старой памяти, Михаил Сергеевич приглашал меня «на шашлык». Это были встречи в узком кругу: он, Раиса Максимовна и их дочь с мужем. Мне нравилось бывать у Горбачевых, где царила обстановка взаимопонимания и доброжелательства. Пока готовились шашлыки, мы с Михаилом Сергеевичем бродили по дорожкам дачи и обсуждали наиболее острые вопросы жизни страны и политики. Ситуация с каждым годом становилась все сложнее. Руководство страны, олицетворявшееся в те времена Политбюро, дряхлело: М. А. Суслову было за 75, А. П. Кириленко далеко за 70, в 1979 году А. Я. Пельше исполнилось 80, А. Н. Косыгину — 75, А. А. Громыко — 70, Л. И. Брежнев приближался к своему 75-летию. Что-то нас ждет, что ждет партию, учитывая, что КПСС стоит перед своим XXVI съездом? Эти вопросы волновали многих.

Но мы, зная ситуацию в Политбюро и настроение в руководящих кругах партии, прекрасно понимали, что съезд вряд ли что-то изменит и в расстановке сил, и в жизни страны и народа. Статус-кво вполне устраивало не только престарелых членов Политбюро, но и большинство партийного аппарата на всех уровнях, боявшегося потерять насиженные места и определенное положение в обществе.

Тезис о «стабильности» в кадрах, как правило, использует заинтересованное в сохранении своего положения окружение больного или одряхлевшего властителя. Причем ему, этому окружению, многих удается убедить в искренности своих побуждений, убедить в том числе и самого лидера, которому внушают, что в «стабильности» залог спокойствия и процветания страны, о нем мечтают простые люди.

Я сам искренне верил в то, что, сохранив Брежнева, мы, как не раз говорил мне Ю. В. Андропов, сохраняем благополучие Советского Союза и его народов. И я отдавал все свои силы и знания поддержанию хоть какой-то видимости работоспособности Л.И. Брежнева не только в силу своего врачебного долга, но и с верой в то, что совершаю благое для своего народа дело.

Лишь позже я стал задумываться, может ли в принципе руководить такой страной, как бывший Советский Союз или Россия, лидер, нуждающийся в постоянном медицинском контроле и лечении, в постоянном уходе, а главное, теряющий способность аналитического мышления? Когда после победы группы, назвавшей себя «демократами», был поднят вопрос о необходимости оценки здоровья лиц, приходящих в руководство, я скептически воспринял эти заявления. Вращаясь почти 25 лет в верхних эшелонах власти, я знал, что это — самое сокровенное и тщательно охраняемое. И вряд ли истина, как и в прошлом, станет достоянием широких кругов. Мой скептицизм оправдался. Никаких решений законодатели так и не приняли.

Всегда следует искать: а кому это выгодно? Конечно, не народу, который в таких случаях, как всегда, «безмолвствует». Это выгодно прежде всего окружению генсека или президента, которое захватило власть и отдавать ее не хочет, понимая, что новая метла по-новому метет, а оставлять теплые, насиженные места, притом сегодня нередко еще и доходные, никому не хочется.

* * *

Как я уже говорил, состоявшийся в конце февраля 1981 года XXVI съезд КПСС прошел строго по намеченному Политбюро плану, «без сучка без задоринки», в атмосфере «дружеской встречи» руководства и представителей партийных масс. Не было даже намека на острую дискуссию. А ведь в его работе принимали участие будущие борцы за «демократию» М. Горбачев, Э. Шеварднадзе, Б. Ельцин, будущие борцы за национальную независимость. Почему они мирились с начавшимся застоем, что их удерживало? Конечно, в первую очередь сильная власть, которую еще не «раскачали» решения М. Горбачева. Но не меньшее значение имело и то, что всех устраивала обстановка в стране и все боялись только одного — лишь бы что-то не нарушило плавного течения жизни. Таковы были политическая обстановка и расклад сил на вершине Олимпа, когда съезд окончательно утвердил положение М. Горбачева как члена Политбюро. «Белой вороной» выделялся он, молодой, среди престарелого состава руководства страны.

Мы встретились с ним через два месяца после окончания съезда, когда улеглась волна славословий в честь съезда и его решений, открывающих, как писалось, «новую страницу в развитии коммунистического общества». Началась обыденная жизнь, полная проблем и нерешенных вопросов. Мы оба понимали, что страна в предстоящем пятилетии стоит перед большими событиями. Лучше всего это ощущение передавало выражение, ходившее среди врачей 4-го Главного управления, прекрасно ориентировавшихся в состоянии здоровья членов Политбюро: «Мы вступили, — говорили они, — в период трех «П» — пятилетку пышных похорон». Конечно, это звучало цинично, но отражало истину. По-человечески мне был понятен интерес Горбачева к состоянию здоровья Брежнева. Никто в Политбюро, видя его угасание, не сомневался, что будущее печально. Но когда наступит трагический исход, никто не мог знать, тем более что нам хотя и с трудом, но удавалось поддерживать Л. И. Брежнева.

Был прекрасный майский день, мы ходили по дорожкам дачи на высоком берегу Москвы-реки, смотрели плантации, посаженные еще Ф. Д. Кулаковым, но я понимал, что у Горбачева, как и у меня, из головы не выходит один вопрос: что будет, если Брежнев уйдет из жизни? Горбачев сделал ставку на Андропова и понимал, что при других вариантах ему будет трудно сохранить свое положение. Как бы читая его мысли, я заметил: «Думаю, что Брежнев потянет еще год, максимум — два, не больше. Я сказал об этом Андропову, но он, видимо, не до конца оценивает создавшееся положение. Здесь и моя вина, потому что об угрожающем состоянии Брежнева я говорю ему уже с 1975 года и, возможно, он уже привык к моим заявлениям. Ему надо что-то срочно предпринимать, чтобы перейти из КГБ в ЦК». М. Горбачев согласился, что это был бы, конечно, лучший вариант, но, насколько он понимает, сделать это в настоящее время невозможно. «Конечно, сейчас Брежнев нужен Андропову, — сказал он, — поэтому тебе надо постараться его сохранить».

М. Горбачев понимал, что сложившаяся ситуация в руководстве страной уже привела к негативным последствиям и в жизни общества, и в развитии народного хозяйства. Однако, оценивая политическую ситуацию, он стоял за сохранение статус-кво, обеспечивающее его положение и положение Ю. В. Андропова. Он хорошо знал проблемы со здоровьем у Андропова и, как и я, переживал за его будущее. И не только с позиций личной заинтересованности, учитывая его близость к Андропову, но и понимая, что именно этот человек — единственный в Политбюро, кто способен вывести страну из тупика, в который она зашла. Он не раз мне говорил об этом и раньше.

В общем, обстановка не настраивала на оптимистический лад. Тяжелые мысли прервал зять М. С. Горбачева — Анатолий, объявивший, что шашлыки готовы. За столом в саду мы забыли о политической ситуации, об интригах в высших эшелонах власти, о том, «что день грядущий нам готовит». Разговор шел о новых театральных постановках, об искусстве и литературе. Раиса Максимовна с горечью говорила, что не может найти общий язык с женами членов и кандидатов в члены Политбюро, кругозор большинства которых не шел дальше дачи, нарядов, драгоценностей и карт. «У нас с Михаилом Сергеевичем, — продолжала она, — одна отрада — театр. За это время мы столько раз побывали в театре, сколько не были за всю предыдущую жизнь».

Разговор перешел на будущее дочери и зятя, которые в этом, 1981 году закончили институт. Дочь хотела идти в какой-то степени по стопам Раисы Максимовны и предполагала работать в области философских социальных проблем медицины. В дальнейшем она и начала работать на кафедре социальной гигиены II Московского мединститута, но во второй половине 80-х годов, сложно сказать, по какой причине, перешла в руководимый мной Кардиологический центр. Зятю, который хотел стать хирургом, я рекомендовал работу в клинике моего близкого товарища академика В.С. Савельева, которую считал одной из лучших клиник страны, и надо сказать, что в этом учреждении он показал себя с лучшей стороны и как хирург, и как человек. Что меня прельщало в младших Горбачевых — это их скромность, отзывчивость и ответственность. Чувствовалось воспитание Раисы Максимовны. В те годы для детей членов Политбюро были открыты любые возможности. Многие, как бы хвастаясь друг перед другом, заводили автомашины иностранных марок, в основном «Мерседесы». Когда речь о покупке машины зашла у Горбачевых, старшие сказали: купите только «Жигули». Зять Горбачева так и ездил на машине этой марки, даже после 1985 года.

* * *

Тогда, весной 1981 года, мы простились с Горбачевым, не предполагая, как быстро и круто начнут разворачиваться события: в сентябре тяжелый инфаркт перенес А. Н. Косыгин, в конце января 1982 года умер М. А. Суслов, в ноябре — Л. И. Брежнев. Новым Генеральным секретарем ЦК КПСС стал Ю. В. Андропов, что для М. Горбачева означало стремительное восхождение по карьерной лестнице.

Чтобы подчеркнуть упрочившиеся позиции М. Горбачева, его близость к Генеральному секретарю, Андропов предложил, чтобы на заседании, посвященном 113-й годовщине со дня рождения В. И. Ленина, выступил Горбачев. Традиционно такой чести удостаивались наиболее высокие по рангу в партийной иерархии члены Политбюро. И было знаменательно, что на первом таком заседании в годы правления Ю. В. Андропова эта привилегия была предоставлена именно Горбачеву, а не, например, Черненко или другому члену Политбюро.

То выступление М. Горбачева полностью отражает его кредо как активного защитника социалистического строя, господствующей коммунистической идеологии и в то же время содержит новые взгляды, которые выдвигал Ю. В. Андропов. Это и совершенствование хозяйственного механизма, и «поиск новых форм социалистического демократизма» и «оптимального сочетания централизованного планирования и хозяйственной самостоятельности предприятий, местных органов, их инициативы и предприимчивости с экономической ответственностью перед обществом».

М. Горбачев все активнее выдвигается на первые роли в руководстве страной. Даже «старики» — Тихонов, Гришин, Громыко — вынуждены считаться с ним. У него складываются дружеские отношения с Устиновым, самым близким Андропову человеком. Меняется и сам М. Горбачев. Это уже не скромный секретарь ЦК КПСС, курирующий вопросы сельского хозяйства. Это один из руководителей, определяющих жизнь партии и страны, — появляются уверенность, широта взглядов и политическая амбициозность.

Его дебют на международной политической арене после прихода к власти Андропова был весьма успешным. Во время поездки в Канаду во главе парламентской делегации в мае 1983 года он впервые предстал в роли дипломата и человека, активно выступающего за ядерное разоружение. В чем-то в ходе поездки и выступления в парламенте Канады обозначился будущий М. Горбачев.

Однако эта поездка в определенной степени была роковой для Горбачева: здесь он познакомился с А. Н. Яковлевым, оказавшим на него колоссальное влияние. Мне трудно представить, чем покорил Горбачева Яковлев в тот период, но, вернувшись в страну, он восторженно отзывался о нем. Именно Горбачев способствовал его возвращению из «почетной ссылки в Канаду» и помог встать во главе весьма престижного Института мировой экономики Академии наук, чем сыграл немалую роль и в его научной карьере. Мне кажется, что большую роль в формировании мнения о А. Яковлеве сыграла Р. Горбачева, которая все больше не просто интересовалась делами мужа, но и активно вмешивалась в них.

Между тем, расклад политических сил в стране снова изменился. 9 февраля 1984 года умер Ю. В. Андропов, и на внеочередном пленуме ЦК Генеральным секретарем был единогласно избран К. У. Черненко. Как это произошло, я уже рассказывал, добавлю только, что меня несколько покоробило заключительное слово М. Горбачева на этом пленуме, в котором он дословно заявил следующее: «Пленум прошел в обстановке единства и сплоченности. На пленуме с чувством огромной ответственности перед партией и народом решены вопросы преемственности руководства». Не надо было Михаилу Сергеевичу, считал я, заявлять на всю страну об «огромной ответственности перед народом». Я понимал, что выступление Горбачева должно было продемонстрировать единство в Политбюро и прекратить всякие разговоры вокруг фигуры М. Горбачева как одного из лидеров страны. Не знаю, просили его выступить в поддержку Черненко или он сам, понимая обстановку и думая о своем будущем, решил не обострять отношения, только я еще раз понял, что он отнюдь не «рыцарь с открытым забралом», а дипломат, расчетливый политик, легко идущий на компромиссы, умеющий, когда необходимо, отступать, чтобы дождаться своего часа. Но тогда я (как, наверное, и многие другие не только из окружения Горбачева, но и из состава членов ЦК) усмотрел в его поведении не отсутствие бойцовских качеств, а дальновидность, мудрость политического лидера, сохраняющего единство партии и страны.

В тот период главным для Горбачева было выждать, любыми путями сохранить свое положение члена Политбюро и постараться расширить круг своих сторонников. От меня он знал, что К. У. Черненко неизлечимо болен и дни его правления сочтены. С другой стороны, как это ни покажется парадоксальным, избрание Черненко на пост Генерального секретаря было очередным подарком судьбы Горбачеву. Приди на этот пост кто-то другой из группы старейших членов Политбюро, полный здоровья и политических амбиций, тот же А. А. Громыко или В. В. Гришин, кресло генсека было бы занято надолго, а значит, не было бы и весны 1985 года.

* * *

Проблемы Горбачева в период правления Черненко не ограничивались его сложными взаимоотношениями с окружением Генерального секретаря, в большей степени они определялись отношением к нему «стариков» из Политбюро — Тихонова, Громыко, Гришина и некоторых других. Они не только его третировали, но и активно, особенно Н. А. Тихонов, выступали против него. Д. Ф. Устинов, как мне кажется, старался держать нейтралитет, хотя в некоторых случаях и пытался помочь Горбачеву.

Я не мог понять отношение Черненко к Горбачеву. С одной стороны, было ясно, что М. Горбачев по меньшей мере не входит в круг его друзей и сподвижников. С другой — несмотря на давление со стороны Тихонова и некоторых других членов Политбюро, он не только сохраняет его в аппарате ЦК КПСС, но и формально оставляет за ним пост второго секретаря, т.е. своего основного заместителя.

Где-то в апреле 1984 года в «кремлевских коридорах» пошли разговоры о том, что дни М. Горбачева в ЦК сочтены, что он или уходит заместителем председателя Совета Министров по сельскому хозяйству, или уезжает послом, однако это оказалось всего лишь досужими домыслами правительственных сплетников, которых много в любые времена. Горбачев продолжал активно работать в прежней должности. Факт остается фактом: Черненко не заменил Горбачева, несмотря на прохладное и настороженное отношение к нему.

Но я чувствовал, что М. Горбачев нервничает. Состояние здоровья К. Черненко ухудшалось с каждым днем. Все чаще он вынужден был оставаться дома либо попадал в больницу. По логике, в период его отсутствия заседания секретариата ЦК КПСС и Политбюро должен был вести второй человек в партии — М. Горбачев, однако, как он сам мне сказал, против этого категорически выступил Н. А. Тихонов. Нам с академиком А. Г. Чучалиным часто приходилось в этот период встречаться с К. У. Черненко, и было видно, в какой растерянности он находится, не зная, что предпринять. Сколько раз мы были невольными свидетелями того, как, несмотря на настойчивые попытки Тихонова, Черненко раздраженно просил под любым предлогом не соединять его с ним. Слабохарактерный, боявшийся к тому же потерять нити управления, он не мог сопротивляться своим старейшим друзьям вроде Тихонова, поэтому принял самое простое решение — без него не проводить заседания Политбюро.

Мы часто в то время общались с М. Горбачевым, у нас не было секретов друг от друга. Но и не будь у нас товарищеских отношений, я и формально как второго человека в партии должен был информировать его о состоянии здоровья Генерального секретаря. Чувствовалось внутреннее напряжение М. Горбачева по его частым звонкам, вопросам о состоянии здоровья Черненко, темам разговоров. Периодами я видел его растерянность, нерешительность, но тогда не придавал этому большого значения и относил к естественному поведению человека, находящегося в сложной ситуации.

Между тем, состояние К. У. Черненко продолжало ухудшаться. За несколько дней до смерти в связи с гипоксией мозга у К. У. Черненко развилось сумеречное состояние. Мы понимали, что дни его сочтены. Я позвонил М. Горбачеву и предупредил, что трагическая развязка может наступить в любой момент.

Когда вспоминаешь историю, нельзя кривить душой и изворачиваться, надо быть честным и откровенным. Признаюсь, тогда я отдавал себе отчет в том, что мой звонок — это не соболезнование по поводу умирающего Генерального секретаря, а предупреждение возможному кандидату на этот пост, чтобы он начинал активно действовать.

10 марта 1985 года К. У. Черненко не стало. Развязка наступила вечером, около половины восьмого. Вступал в силу негласный протокол, который я уже хорошо освоил, провожая в последний путь за три года третьего руководителя страны. Надо информировать второго человека в партии и никого другого, а уже он принимает решение о дальнейших шагах. 10 марта был выходной день, и я нашел М. Горбачева, позвонив на дачу. По разговору понял, что у него уже продуман весь план прихода к власти. «Я сейчас буду собирать Политбюро и секретариат, а ты к десяти часам подъезжай в Кремль, доложишь о болезни и причине смерти», — коротко ответил он, и было заметно, что он явно спешил.

В марте 1990 года, покидая пост министра, я пришел официально попрощаться с М. Горбачевым. К этому времени мы были уже далеки друг от друга, и визит носил больше протокольный характер. В разговоре Горбачев неожиданно затронул тему смерти Черненко, со дня которой прошло уже пять лет: «Знаешь, они (я понял, что это — о бывшем окружении Черненко, части старого аппарата ЦК, потерявшего или теряющего свои позиции и власть) распространяют слухи, что смерть Черненко была ускорена для того, чтобы я занял пост Генерального секретаря».

Меня удивила не тема разговора, а та эмоциональность, с которой это было сказано. «Михаил Сергеевич, — ответил я. — Стоит ли обращать внимание на пустую болтовню? Вспомните, когда Черненко избрали Генеральным секретарем, все возмущались, как можно было передавать власть в руки тяжелобольного человека. Когда я возвращался с пленума вместе с Г. Арбатовым, он меня прямо спросил, информировал ли я Политбюро, ЦК о состоянии здоровья Черненко. Я ответил, что в Политбюро лежит не одно официальное заключение консилиума врачей о его тяжелой болезни. Если же говорить о сугубо медицинской стороне, то нам, врачам, и Константину Устиновичу повезло, что мы смогли его спасти еще в 1983 году. Его лечил не только Чазов, не только ведущие врачи страны. По просьбе самого Черненко Хаммер из США привозил ему ведущего пульмонолога, который полностью согласился и с нашим диагнозом, и с проводимым лечением».

Мой ответ, как мне показалось, успокоил М. Горбачева…

На следующий день после смерти К. У. Черненко, не успел я собраться на работу, как раздался телефонный звонок. К моему удивлению, в этот ранний час из машины звонил Михаил Сергеевич Горбачев. Он начал с того, что поблагодарил меня за все то, что я искренне и бескорыстно сделал для него за годы дружбы и особенно в последнее время. Помолчав, добавил, что уверен, как бы ни менялось наше положение, мы и в будущем останемся верными друзьями. Тогда я искренне поверил в эти слова. Сейчас же вспоминаю «Горе от ума» А. Грибоедова: «Блажен, кто верует, тепло ему на свете». «Я долго думал, — продолжал он, — что делать в связи с обращением многих товарищей по партии, которые считают, что я должен ее возглавить. Вопрос не простой, но после долгих раздумий я решил, что надо согласиться. Надо выводить страну и партию из кризиса. Сейчас еду, чтобы сообщить им об этом решении. Сегодня проведем и пленум ЦК».

Конечно, меня поддержали этот звонок и слова М. Горбачева, учитывая состояние, в котором я находился, но не могли не покоробить заявления о долгом раздумье, о просьбах товарищей. Передо мной можно было и не лицемерить, ибо мы не раз обсуждали проблемы выборов будущего Генерального секретаря. К тому же он хорошо знал сложившуюся в партии политическую конъюнктуру. В той общественной и политической ситуации, которая царила в стране, у него не было альтернативы, хотя он и побаивался «стариков».

Когда однажды зашла речь о позиции, которую может при выборах Генерального секретаря занять А. А. Громыко, скептически относившийся к Горбачеву, Михаил Сергеевич заметил, что у него есть возможности договориться с ним. Тогда я не обратил внимания на это замечание. Каково же было мое удивление, когда на срочно собранном, менее чем через сутки после смерти К. У. Черненко, пленуме ЦК с предложением об избрании М. Горбачева Генеральным секретарем выступил именно А. А. Громыко.

Еще в большей степени поразил меня характер представления. Были свежи в памяти сдержанные, сухие выступления К. У. Черненко, представлявшего на этот пост Ю. В. Андропова, и Н. А. Тихонова при представлении К.У. Черненко. И вот...

Стены амбициозного мраморного зала в Кремле, построенного по предложению Л. И. Брежнева для заседаний пленумов ЦК КПСС, такого панегирика в честь будущего Генерального секретаря еще не слышали. «Михаил Сергеевич Горбачев, — сказал А.А. Громыко, — человек принципов, сильных убеждений, острого и глубокого ума, он всегда умеет находить такие решения, которые отвечают линии партии». «Я сам часто поражался его умению быстро и точно схватывать суть дела, делать выводы, правильные, партийные выводы», — говорил А. А. Громыко. Продолжая и по сей день уважать и высоко ценить Громыко за его честность, твердость в отстаивании интересов нашей Родины, я не хочу дальше перечислять все те превосходные эпитеты, которыми он авансом наделил Горбачева. Пройдет всего три года, и Громыко будет говорить совсем другое.

Тогда же, слушая его речь и сопоставляя ее с проскользнувшим в разговоре замечанием М. Горбачева о том, что «с Громыко он договорится», я подумал о состоявшемся их компромиссе. Какова его цена? Все стало ясно 2 июля того же года, когда по предложению Горбачева мы, депутаты Верховного Совета СССР, единогласно проголосовали за избрание А. А. Громыко Председателем Президиума Верховного Совета СССР, формально — за главу советского государства.

Если препарировать борьбу за власть, как препарирует анатом больной орган, мы за фасадом красивых слов и заявлений увидим беспринципность, лицемерие, увидим, как объединяются бывшие враги, люди, которые терпеть не могли друг друга, начинают клясться в вечной дружбе — совсем, как в басне Крылова: «Кукушка хвалит петуха за то, что хвалит он кукушку»…

Я вспомнил, что подобный властный компромисс был уже в нашей истории, когда, свергая Хрущева, власть разделили Брежнев и Подгорный. Брежнев тогда терпел Подгорного десять лет, Горбачев отправит Громыко на «заслуженный отдых» через три года. Конечно, за компромиссом личностей стоят более сложные процессы. Договариваясь с Громыко, Горбачев не только вносил раскол в ряды «старой гвардии», но и привлекал на свою сторону значительную часть из консервативно настроенных членов партии и ЦК.

Вероятно, это один из немногих успешных и продуктивных компромиссов, которых немало было в политической жизни М. Горбачева. К сожалению, со временем из-за властных амбиций, веры в непогрешимость своих идей и деяний он потеряет политическое чутье, будет идти на такие компромиссы, которые приведут его к изоляции и как результат к потере власти. Но тогда, в 1988 году, находясь в зените славы, он легко освободился от А. А. Громыко, который был своеобразным балластом, отстаивающим старые позиции в партии и государстве.

А. А. Громыко тяжело переживал «измену Горбачева», как он расценивал свою отставку и изменившееся отношение к нему. «Человек с ледяным сердцем», — сказал он мне о Горбачеве, когда в связи с резким ухудшением состояния здоровья попал в больницу. Сознаюсь, я воспринимал его высказывания как естественную в такой ситуации обиду человека и оправдывал М. Горбачева. Жизнь и последующие события подтвердили правильность мнения Громыко, но было уже слишком поздно.

А. А. Громыко угасал на моих глазах. У него развилась большая аневризма брюшного отдела аорты, по поводу лечения которой разгорелись жаркие споры. Часть консилиума, в частности заведующий хирургическим отделением кардиоцентра Р. Акчурин, настаивала на операции, однако большинство считали, что Громыко ее не перенесет. Возобладало мнение большинства. К сожалению, вскоре у него развилось расслоение аорты с последующим разрывом. 2 июля 1989 года, через восемь месяцев после отставки, не стало А. А. Громыко, во многом определявшего внешнюю политику Советского Союза при Хрущеве, Брежневе, Андропове и Черненко. Из жизни ушла целая эпоха советской дипломатии.

* * *

Вскоре после избрания Горбачевы переехали в большую новую дачу в Раздорах, которую начали строить еще при Андропове как резиденцию Генерального секретаря.

По традиции Михаил Сергеевич в майские праздники 1985 года пригласил меня «на шашлык». Семейство Горбачевых встретило меня около дома на красивом берегу Москвыреки. Был чудесный майский день, и Михаил Сергеевич повел меня показывать парк. Он был в приподнятом настроении, чувствовалось, что он уже владеет ситуацией, полон энергии, желания активно работать и собирать новую команду руководителей. Именно тогда он завел разговор о Н. А. Тихонове. Это был его основной оппонент за время пребывания в Политбюро, и их взаимная антипатия была видна «невооруженным глазом».

Николаю Александровичу было уже 80 лет. Он считал меня членом «брежневской команды», к которой сам принадлежал, поэтому у нас сложились хорошие, добрые отношения. Много раз я помогал ему, особенно после смерти жены, когда у него резко обострился атеросклероз мозговых сосудов и нередко стали возникать динамические нарушения мозгового кровообращения. Не раз врачи говорили ему и во времена Андропова, и во времена Черненко, что работа Председателем Совета Министров с колоссальной нагрузкой может ему повредить и лучше, если он сменит стиль работы. Он слушал, вроде бы соглашался, но продолжал активно работать. По-человечески я его понимал. После смерти жены у него не осталось близких родственников, и работа была единственным утешением в жизни. Надо сказать, что он пользовался авторитетом у определенной группы руководителей. Для меня всю жизнь эталоном руководителя экономикой страны был и остается А. Н. Косыгин. Н. А. Тихонов до этой планки не дотягивал и занял пост председателя в значительной степени из-за живучей во все времена клановости, поскольку был близок к Брежневу.

Конечно, М. Горбачев, справедливо считая пост Председателя Совета Министров одним из ключевых в руководстве страной, хотел видеть на этой должности, во-первых, человека своего, а во-вторых, не только с новым мышлением и взглядами, но уже признанного хозяйственными руководителями различных рангов. Для этого надо было прежде всего освободиться от Н.А. Тихонова. Именно об этом и завел разговор Михаил Сергеевич во время нашей прогулки. Зная об обострении у Н.А. Тихонова мозговой симптоматики, он попросил еще раз поговорить с ним о переходе, учитывая возраст и болезнь, на пенсию по состоянию здоровья.

Я понимал М. Горбачева, который в самом начале своей деятельности на посту Генерального секретаря не хотел обострять отношения со «старой гвардией» руководителей, поддерживающих Н. А. Тихонова. Человек осторожный, он хотел, чтобы тот сам покинул свой пост. Для меня было ясно, что при складывающемся положении и сам Тихонов не захочет работать вместе с Горбачевым. Я сказал Михаилу Сергеевичу, что вопрос можно решить и уверен, что на сей раз Н. А. Тихонов согласится с нашими доводами. Так и произошло. Мне даже показалось, что Николай Александрович искал подходящую и благопристойную причину отставки. Предложение консилиума врачей оказалось тем спасательным кругом, который позволил разрядить ситуацию. Для меня, моей врачебной совести важно, что это решение позволило продлить жизнь Н.А. Тихонову. Уверен, останься он на своем посту, который требовал большого физического и психоэмоционального напряжения, трагическая развязка наступила бы гораздо раньше.

Но это был единственный рабочий вопрос, который мы обсуждали в тот раз. Вечер прошел непринужденно, весело, и я с добрыми чувствами расстался с Раисой Максимовной и Михаилом Сергеевичем, радуясь, что новое положение их не испортило. Это была наша последняя дружеская встреча. Больше я ни разу не получал приглашений в большой неуютный дом Генерального секретаря. Наши отношения как будто бы оставались прежними, но постепенно менялись житейские взгляды Горбачевых.

Первый неприятный осадок на душе появился вскоре после избрания М. Горбачева Генеральным секретарем. Неожиданно я узнал, что он сменил не только всю охрану и прикрепленного, которые были с ним со дня переезда в Москву, но и почти весь обслуживающий персонал. Я хорошо знал руководителя его охраны. Это был очень скромный, молчаливый, преданный Горбачеву человек. В общем-то, я не удивился, когда на этом месте увидел В. Медведева, бывшего прикрепленного Брежнева. Среди других он выделялся определенным лоском, интеллигентностью, дипломатичностью, умением услужить. Недаром Ю. В. Андропов из всех четырех прикрепленных, работавших с Л. Брежневым, поддерживал контакт именно с ним. В. Медведеву повезло. Летом 1984 года, еще при жизни Черненко, Р. Горбачева поехала на отдых в Болгарию. Руководство 9-го Управления, осуществлявшего охрану руководящих деятелей страны, совершенно справедливо сочло, что самая подходящая кандидатура для ее сопровождения — В. Медведев. За время поездки он понравился придирчивой хозяйке, и, когда она стала «первой леди» страны, именно ее слово сыграло решающую роль в назначении В. Медведева начальником охраны. Как известно, конец его карьеры в семействе Горбачевых был весьма печальным.

Не обошлось и без смены медицинского персонала, осуществлявшего наблюдение за здоровьем Михаила Сергеевича и Раисы Максимовны. Однажды, несколько смущаясь, Горбачев обратился ко мне с просьбой: «Знаешь, в новом положении я хотел бы иметь более квалифицированного доктора, чем Алексеев (его личный врач с 1978 года, до этого лечивший Мазурова). Подбери, пожалуйста, хорошего специалиста, может быть, это будет кандидат или доктор наук, но главное, чтобы это был хороший специалист, честный, скромный, интеллигентный человек и не болтун». Я не стал вдаваться в подробности взаимоотношений доктора Алексеева и семьи Горбачевых и ответил, что постараюсь найти такого человека. Я предложил кандидатуру Игоря Анатольевича Борисова, доктора наук, выходца из авторитетной терапевтической школы академика Е.М. Тареева. Он работал в Центральной клинической больнице и зарекомендовал себя с самой лучшей стороны не только как профессионал, но и как порядочный, интеллигентный человек. После долгой проверки Михаил Сергеевич, а вернее, Раиса Максимовна, которая определяла окружение семьи, дал согласие на привлечение к работе И. Борисова. Рекомендация оказалась удачной, он пережил с семьей Горбачевых все перипетии, в том числе и форосский фарс, и отставку Горбачева.

* * *

Сменить обслуживающий персонал, охрану, врача было гораздо проще, чем найти соратников, способных вывести страну из кризиса. Более двух лет М. Горбачев подбирал свою команду, которая в конце концов по составу стала напоминать ноев ковчег с «чистыми» и «нечистыми» — доставшимися по наследству от прошлого и выдвинувшимися в последнее время. Громыко и Алиев представляли «старую гвардию», Лигачев, Рыжков, Чебриков — «андроповскую» команду, с которой Горбачев выдержал натиск Тихонова и окружения Черненко, наконец, Яковлев, а позднее и Шеварднадзе олицетворяли тех, кто хотел разрушить сложившуюся систему, но не имел четких представлений о том, что же предложить взамен. Надо сказать, что этот принцип «ноева ковчега» и погубил Горбачева, который забыл слова любимого им А. Пушкина: «В одну телегу впрячь не можно коня и трепетную лань».

М. Горбачев пытается найти в ближайшем окружении искренне и до конца преданных ему людей. В первые годы, до XIX партийной конференции, таким близким и преданным ему человеком был, несомненно, Е.К. Лигачев. Он во многом определял кадровую политику в партии и государстве, а следовательно, и возможность реформирования, поиск путей выхода из кризиса. К сожалению, в этой области было сделано немало ошибок, результатом которых стала гибель коммунистической партии, а с ней — и великой державы. Достаточно вспомнить выдвижение Е .К. Лигачевым кандидатуры Б. Ельцина в руководство страны.

Конечно, и по характеру, и по стилю работы Е. К. Лигачев был типичным представителем той части партийных руководителей, которая не ради карьеры, а всем сердцем и умом была предана идеалам и принципам коммунизма и социалистического строя. Он верил в энтузиазм народа, в силу слова партии, что его и подвело. Я уверен в его личной честности, что бы там ни говорили Т. Гдлян и В. Иванов. Он и в тяжелый период запрета КПСС оставался верен своим идеалам и не предал, не отказался от партии, как это сделали его товарищи.

Естественно, возникает вопрос: а мог ли Егор Кузьмич, ближайший М. Горбачеву человек в 85—88-м годах, помочь ему найти выход из создавшегося кризиса экономики и государства, предложить пути реформирования партии и страны? Был ли он хорошо информирован о складывающейся ситуации? Вряд ли. Это был прекрасный исполнитель воли партии, хороший организатор в условиях авторитарного режима, но не созидатель новых идей. Его беда заключалась в том, что он твердо верил в незыблемость строя, которому верно служил долгие десятилетия, верил в народ, который, однако, в определенных условиях легко предал его идеалы. Сыграли роль и его личная преданность в те годы М. Горбачеву, вера в его талант руководителя, способного разрешить проблемы страны. И лишь когда он увидел, что коммунистическая партия и его идеалы гибнут, он попытался что-то предпринять, но было уже слишком поздно. Да и в этой обстановке его голос не звучал «набатом».

Второй человек в близком окружении М. Горбачева в 1985—1987 годах, Н.И. Рыжков, по идее, заложенной еще Ю. В. Андроповым, должен был помочь изменить сложившуюся с экономикой страны ситуацию — Ю. В. Андропов привлек его в руководство партией с целью разработки предложений по ее реформированию. Экономика во многом определяет политику. Если бы магазины в стране были полны товаров, если бы не было проблем с продовольствием и многочисленных очередей, вряд ли демократы даже на время привлекли бы на свою сторону симпатии народа и разрушили коммунистическую партию.

С Николаем Ивановичем меня связывают и совместная работа в правительстве, и, к сожалению, его болезнь. Может быть, в своих оценках я буду не совсем объективен, поскольку испытываю к нему большое уважение и добрые чувства, благодарен ему за поддержку здравоохранения в сложный период 1987—1990 годов. В моей памяти живут как бы два Н. И. Рыжкова. Первый — интеллигентный, добрый, отзывчивый, честный, но легко внушаемый человек, второй — добросовестный руководитель экономикой и народным хозяйством сверхдержавы, мечущийся между различными группами и предложениями, часто идущий на компромиссы, легко сдающий свои позиции под напором авторитета Горбачева или общественного мнения, нередко искусственно создаваемого средствами массовой информации.

Жизнь научила меня не доверять первому впечатлению о человеке, хотя бывает, что оно оказывается наиболее правильным. Именно это мое первое впечатление о Н. Рыжкове не изменилось и впоследствии. Встречи в Госплане, где он был заместителем председателя, когда решалась судьба строительства Кардиологического центра, первые деловые контакты в правительстве вызвали у меня симпатию к нему. По-настоящему человек раскрывается в экстремальных условиях, и где бы я ни был с Н. И. Рыжковым — на Чернобыльской АЭС в первые дни после аварии, в Армении в период ликвидации последствий землетрясения, в Башкирии после взрыва газопровода, я видел, как эмоционально, всем своим существом он воспринимает чужую беду.

* * *

Мы, врачи, особенно хорошо познаем суть человека в тяжелой для него ситуации, когда он становится нашим пациентом. В последних числах декабря 1990 года по предложению врачей, которые хотели обследовать состояние моего здоровья через год после перенесенной тяжелой травмы, я поехал в санаторий «Барвиха». Не успел расположиться, как ко мне прибежала секретарь директора и попросила срочно связаться «по вертушке» с Д. Д. Щербаткиным, заместившим меня на посту руководителя 4-го управления. Это предложение меня по крайней мере удивило. После того как я покинул пост министра здравоохранения, чувствовалось демонстративное отчуждение руководства созданной мной же системы охраны здоровья руководителей страны. Возможно, кого-то не устраивало мое знакомство с новыми тайнами «кремлевского двора», но негласное распоряжение выполнялось четко.

Я понимал, что случилось что-то экстраординарное, если все-таки обратились ко мне. Так и оказалось. Доведенный до крайности постоянными нападками депутатов, «демократов», «радикалов», прессы, выполнявшей чей-то заказ, предательством М. Горбачева, ухудшающейся ситуацией в финансах и народном хозяйстве, Н. И. Рыжков не выдержал напряжения и попал в Кунцевскую больницу с тяжелым инфарктом.

Все разыгралось ночью. Приехавшие врачи и консультанты то ли недооценили тяжесть состояния, то ли побоялись использовать новые методы лечения, но состояние Рыжкова к утру настолько ухудшилось, что, испугавшись возможного трагического исхода, руководство Управления все-таки решилось пригласить меня и тех, с кем обычно мы работали в подобных случаях, — моего заместителя по редколлегии журнала «Терапевтический архив» профессора А. В. Сумарокова и моего ученика и соратника профессора М. Я. Руду. Мы оказались у постели Рыжкова часов через двенадцать после начала болезни. Положение было угрожающим не только в связи с обширностью инфаркта, но и в связи со сложными нарушениями ритма сердца. Не скрою, в этой тяжелой ситуации поражал сам Н. Рыжков. Меня всегда возмущал приклеенный ему ярлык «плачущего большевика». Да, его переполняли эмоции, но ведь это то, что отличает человека от робота, то, что определяет человеческую сущность. Я видел тысячи больных с инфарктом миокарда, но немногие в подобной ситуации держались так стойко, выдержанно и спокойно, как Н. И. Рыжков.

Даже в этот тяжелый период он сохранял присущие ему мягкость и интеллигентность. Нам удалось справиться с болезнью, и в хорошем состоянии он выписался из больницы.

До чего же гадки наша современная жизнь и отношения между людьми — история с Н. И. Рыжковым лучшее тому подтверждение. Человек, еще вчера в буквальном смысле слова бывший вторым в иерархии руководства страной, вдруг оказывается никому не нужным и забытым. Н. И. Рыжков стойко перенес и эту человеческую неблагодарность, в том числе и со стороны Горбачева, который даже не поинтересовался у нас состоянием здоровья Николая Ивановича.

Я встретился с ним через несколько лет, когда он решил баллотироваться в Государственную Думу. И понятно, что, прежде чем принять решение, он хотел выяснить состояние своего здоровья. Обладая большим опытом, я был удивлен тем, как смог Николай Иванович восстановить здоровье, и не возражал с медицинской точки зрения против его участия в избирательной кампании.

Не будучи экономистом или хозяйственником, я не могу выступать экспертом в выяснении причин неудач в руководстве экономикой страны в 1985—1990 годах. Но несомненно, что определенная вина лежит и на Н. И. Рыжкове как Председателе Совета Министров. У меня сложилось впечатление, что многие решения основывались на сиюминутных ситуациях, складывавшихся в народном хозяйстве и в обществе. Принимались под напором легко меняющегося общественного мнения, выступлений прессы, лоббирования узких интересов определенных групп. При этом, как и в политике, не было анализа отдаленных результатов принимаемых решений. К примеру, два принципиальных решения, вокруг которых развернулась большая дискуссия на заседаниях Совета Министров, были, возможно, первыми звеньями в цепи разрушения народного хозяйства — Закон о государственном предприятии и решение о кооперативах, не подкрепленные четкой ценовой и налоговой политикой.

Нельзя сказать, что не принималось интересных, весьма прогрессивных решений в области экономики и народного хозяйства. В июне 1987 года состоялся пленум ЦК КПСС, на котором рассматривался вопрос «О задачах партии по коренной перестройке управления экономикой». Были приняты важные решения, выполнение которых могло бы трансформировать народное хозяйство, значительно улучшить экономику страны. Госзаказ, аренда, хозрасчет, оптовая торговля средствами производства вместо централизованного фондирования, изменение системы планирования, финансирования — все эти мероприятия, казалось, изменят ситуацию в стране. Но, как часто бывало в тот период, большинство из предложенных мероприятий остались благими намерениями.

Не хочу быть голословным. В докладе на пленуме М. Горбачев целый раздел посвятил проблеме ценообразования. В решении пленума было прямо указано: провести «взаимоувязанную перестройку ценового механизма — оптовых, закупочных, розничных цен и тарифов». Через несколько месяцев в Мурманске М. Горбачев возвращается к проблеме цен, убедительно, на примерах говорит о ее значении: «Это важное звено нового хозяйственного механизма, и нельзя решить задачу перехода на новые методы хозяйствования без того, чтобы по-настоящему не разобраться с ценами». Но, как не раз было с М. Горбачевым, он так и не решился внедрить эти предложения в жизнь.

Так что было бы нелепо все беды, свалившиеся на наш народ, связывать, как это сейчас делают некоторые, лишь с деятельностью Н. И. Рыжкова и его правительства. В развале экономики не менее виноваты М. Горбачев, другие члены Политбюро, да и все мы — члены ЦК КПСС, депутаты, под постоянным прессом которых находился Рыжков. Виноваты так называемые демократы, в борьбе за власть разрушавшие десятилетиями сложившуюся систему народного хозяйства, вместо того чтобы совместными усилиями постепенно трансформировать ее. Можно было бы привести немало примеров, когда рациональные предложения Н. Рыжкова, позволявшие улучшить ситуацию, «гробились» на корню. В частности, тот же вопрос о ценообразовании. Популистские лозунги некоторых демократов с протестами против повышения цен настолько испугали Горбачева, боявшегося потерять во мнении народа, что он не решился поддержать Рыжкова и в конце концов предал его.

Первое, что сделали в экономике те же демократы, придя к власти, — отпустили цены. Б. Н. Ельцин, убеждавший всех, что повышение цен — грабеж народа, и поклявшийся положить голову на рельсы, если он это сделает, придя к власти, стал после прошедшего повышения доказывать, что в этом единственное спасение России. Что, кроме улыбки, могли вызвать выступления ораторов и авторов некоторых газетных статей, которые начали восхвалять принцип «свободных цен». Хотя еще год назад, при другой власти, говорили и писали прямо противоположное?!

Вина Н. И. Рыжкова как Председателя Совмина, а может, и беда его в том, что по своей природе и характеру он не был борцом. Как и М. Горбачев, он легко шел на компромиссы, легко сдавал свои позиции, приспосабливался к столь изменчивому общественному мнению. В этой связи я часто вспоминал А. Н. Косыгина, у которого были сложные взаимоотношения и с Хрущевым, и с Брежневым, но он всегда до конца отстаивал свою точку зрения, не подыгрывал ни популистским лозунгам, ни мнению своих коллег по Политбюро.

* * *

Если Е. К. Лигачев и Н. И. Рыжков были порядочными людьми и в определенной степени умелыми организаторами, то какие новые идеи и мысли мог предложить Горбачеву В. И. Болдин, «серый кардинал» в его окружении? И как бы ни открещивался от него Горбачев после так называемого августовского путча, факт остается фактом: это был самый близкий и доверенный ему человек, Горбачев пытался ввести его в состав Совета безопасности (хотя Верховный Совет дважды отклонял его представление), кроме того, он сделал его руководителем своего аппарата.

Я знаю, что М. Горбачев беспредельно верил Болдину, и на это у него были определенные основания. Кажется, в

1981 году Горбачев вскользь упомянул, что у него наконец-то появился хороший помощник с двумя образованиями (Тимирязевская академия и партийное), прошедший школу работы в ЦК и в редакции «Правды», знающий, и, главное, судя по рекомендациям, честный человек. Когда я вскоре познакомился с Болдиным, он произвел на меня впечатление кабинетного партийного работника. Был он сдержан, немногословен, держался несколько особняком от большинства помощников членов Политбюро. Трудно было даже сравнивать его, например, с помощниками Брежнева — Г. Цукановым и А. Александровым, с помощником Ю. В. Андропова — А. И. Вольским и другими. Думаю, М. Горбачев проникся особой симпатией к Болдину в тяжелый для себя период, когда страной руководил К. У. Черненко. Тогда, особенно в апреле — мае 1984 года, многие из тех, кто еще недавно, при Ю.В. Андропове, превозносил Горбачева, отвернулись от него. Настоящих близких людей осталось немного. Среди них был и Болдин. Тогда он не изменил своему шефу, да и в других сложных ситуациях, в которых оказывался Горбачев, оставался предан.

Первое время после избрания М.С. Горбачева Генеральным секретарем Болдин был все тем же незаметным, скромным, пунктуальным помощником, старавшимся быть объективным, не вмешиваться в ход событий. Но власть портит мелких людей. И вот вскоре из скромного «служаки» вырастает «серый кардинал», уверенный в себе и своей непогрешимости, упивающийся близостью к высокому начальству и возможностью хоть как-то влиять на ход событий и судьбы людей. Его политические амбиции простираются до стремления стать членом Совета безопасности СССР.

Имея возможность непосредственных контактов с М. Горбачевым, я вначале не придавал значения ни роли Болдина в его окружении, ни значимости мнения того не только для Генерального секретаря, но и для его жены. Почувствовал я это влияние, когда Горбачевы искали способ с почетом удалить меня из 4-го управления. Уверен, что к «выдвижению» моей персоны на пост министра здравоохранения СССР (несмотря на мои категорические возражения) приложил руку и Болдин, хотя в своих воспоминаниях он пытается всю эту некрасивую историю переложить на М. Горбачева. Не без оснований могу говорить о вмешательстве Болдина в тот период, когда после моего демонстративного ухода с этого поста вокруг меня искусственно стала создаваться определенная пустота — даже на консультации и консилиумы в созданное мной же 4-е Главное управление (Кремлевская больница) перестали приглашать. До сих пор не могу понять, что им двигало — неприязнь ко мне из-за моей независимой позиции или слишком рьяное исполнение желаний хозяина, переходящее границы того, чего тот хотел на самом деле.

Не хочется развивать эту тему (тем более что судьба сыграла с ним злую шутку), но я не раз говорил Горбачеву, что он переоценивает Болдина. Однажды в разговоре с дочерью Михаила Сергеевича, работавшей тогда в кардиоцентре, я сказал что-то о значимости Болдина. Она, всегда выражавшая мнение семейства, ответила: «Ну что вы, Евгений Иванович, он всего лишь простой аппаратчик, занимающийся подготовкой документов для доклада». Что сделал этот «простой аппаратчик» и какую роль сыграл в судьбе М. Горбачева, достаточно известно.

* * *

Сколько таких, как Болдин, находилось в окружении М. Горбачева, но не было людей, способных предложить такие пути реформирования, которые бы не потрясли, а потом и не разрушили партию и государство. Не было их и среди местных руководителей, большинство из которых были поставлены Горбачевым и Лигачевым. Именно им с проводимой ими политикой надо предъявить претензии за разрушение государства и партии, за те муки, которые выпали на долю большинства граждан Советского Союза. Хотя виноваты и все мы, члены ЦК КПСС, министры, занимавшие соглашательскую позицию.

На общем фоне выделялись некоторые руководители — Б. Ельцин, Н. Назарбаев, С. Манякин, Л. Зайков, Э. Шеварднадзе, может, еще пять-шесть республиканских и областных секретарей партийных организаций, но в те годы новых предложений не было слышно.

Вспоминаю свои первые встречи с Б. Ельциным в Свердловске. Известный на Урале профессор С.С. Барац предложил провести в этом городе Всесоюзную конференцию кардиологов, обещая хорошую организацию с учетом его добрых отношений с А.А. Мехрецовым, председателем Свердловского облисполкома. Действительно, мне приходилось участвовать во многих съездах и конференциях, но свердловская запомнилась большим вниманием руководства области к участникам конференции и нуждам здравоохранения.

В первый же вечер по приезде в Свердловск в особняк, где мы остановились, пришли А. Мехрецов с Б. Ельциным. Я немного знал Анатолия Александровича, который не раз обращался ко мне по разным вопросам. Мне он представлялся не только прекрасным человеком, но и хорошим хозяйственником, болеющим за свой город, — этакий А. Косыгин в областном масштабе, тянувший воз хозяйственных и экономических проблем. Кстати, мне показалось, что и Б. Ельцин высоко его ценил.

Мне с первой встречи понравился Б. Ельцин, располагавший к себе простотой, житейской мудростью, неуемной энергией. В то же время в нем чувствовались сила, властность и определенный популизм. Утром на следующий день он, к моему удивлению, не только приехал на конференцию, но и детально рассказывал на стендах о состоянии здравоохранения в области, хотя это мог (и должен был) сделать заведующий областным отделом здравоохранения. Позже мне рассказали, что Б. Ельцина заранее специально знакомили с представленными материалами, причем часть из них, не очень выгодных для характеристики области, он попросил заменить.

Да, Борис Николаевич умел и область представить, и себя показать. Видимо, это произвело большое впечатление и на Е.К. Лигачева, когда он весной 1985 года приехал в Свердловск, чтобы не только познакомиться с состоянием дел, но и еще раз посмотреть на Б. Ельцина, прежде чем выдвигать его на Олимп власти. Он был настолько очарован Ельциным, что высказывался о нем только в восторженных тонах и уговорил М. Горбачева перевести его в Москву с перспективой на выдвижение.

9 мая в Кремле состоялся большой прием в честь Дня Победы. Среди гостей я увидел Б. Ельцина. Он скромно и, как

мне показалось, одиноко стоял за столиком среди малоизвестных ему представителей тогдашней московской элиты. Я подошел к нему и искренне поздравил с переездом в Москву. Он обрадовался знакомому человеку, разговорился, сетуя на то, что пока еще не может привыкнуть к новой работе и московской жизни. Я выразил надежду, что должность руководителя строительного отдела ЦК, на которую он назначен, позиция временная и вскоре его положение изменится. Мы выпили по сто граммов, пошутив, что в связи с объявлением в скором времени антиалкогольных постановлений, о которых мы уже знали, это наша последняя официальная выпивка.

Шутка оказалась правдой, как и мое предположение о скором новом выдвижении Б. Ельцина. Горбачев легко и быстро освободился от Гришина и совершил роковую для себя ошибку, рекомендовав Бориса Николаевича на пост секретаря Московского горкома партии. Правда, вину он должен разделить с Лигачевым, горячо отстаивавшим новое назначение Ельцина.

* * *

Вспоминаю, как на приеме в честь делегатов и гостей организованного нами I Международного конгресса по профилактике заболеваний, по указанию С.П. Буренкова, бывшего тогда министром здравоохранения СССР, было запрещено подавать любые алкогольные напитки, включая шампанское и пиво. Мои зарубежные друзья и коллеги за столами, заполненными изысканной закуской, дружески подтрунивали надо мной, заявляя, что во всем мире принято под русскую черную икру выпить рюмку русской водки.

Да, начинать перестройку надо было не с антиалкогольных решений. И как бы ни пытались связать эту кампанию только с Лигачевым, в той же, а может, и в большей степени она связана с Горбачевым. Идея антиалкогольной борьбы в принципе не только правильна и имеет государственное значение, но и жизненно необходима, учитывая тяжелые последствия пьянства для здоровья нации, морального климата в обществе и даже для функционирования народного хозяйства. Вопрос лишь в том, как ее проводить. Исторический опыт показывает, что запретами и формальными решениями добиться здесь успеха невозможно. Как часто бывало в те годы, внезапные вспышки активности по тем или иным проблемам без анализа последствий, спровоцированные какими-то событиями или навеянные чьим-то мнением, к тому же нередко со ссылкой на «пожелания трудящихся», порождали не только отрицательную реакцию в обществе, но и дискредитировали само представление о путях перестройки.

Слова, слова, слова... Не продуманные до конца лозунги и решения. Сколько их было в тот период, и как они постепенно разрушали ореол гениальности Генерального секретаря! Мечущийся в поисках выхода М. Горбачев обращается к своему новому сподвижнику А. Н. Яковлеву. О его значимости в окружении Горбачева лучше всего говорит его карьера — такой еще не знала история партии: 28 января 1987 года он избирается кандидатом в члены Политбюро, а 26 июня (через пять месяцев) — членом Политбюро. Именно его идеи и предложения стали решающими в том политическом курсе, который начал проводить Горбачев с 1988 года. Суть этого курса отражена в вопросе, поставленном на рассмотрение XIX Всесоюзной конференции КПСС, — «О задачах по углублению перестройки и мерах по дальнейшей демократизации общества».

Но что такое демократия? В идеале, это устройство общества, основанное на признании народа в качестве власти, на принципах равенства и свободы. Но демократию очень многие понимают по-своему, со своих позиций. В принципе, Конституция СССР провозглашала демократию. Провозглашают ее и государства, где жизнь общества определяет тот класс, в руках которого находятся финансы и средства производства. Наконец, анархия тоже прикрывается лозунгами свободы народа и личности. Но особенность нашей страны в том, что она 70 лет развивалась в условиях авторитарной власти одной партии, оказавшейся стержнем государственности. И, конечно, пути ее трансформирования — это проблемы не только партии, в этом жизнь всей страны. Надо было ответить на кардинальный вопрос: каким путем менять суть КПСС, кто заменит ее властные полномочия, что произойдет в обществе, когда рухнут ее влияние, идеология и структуры, цементирующие народы? Надо было быть наивным, оторванным от жизни и весьма амбициозным, чтобы верить в то, что в новых провозглашенных условиях, и прежде всего многопартийных, КПСС сможет устоять под напором проблем, ежедневно стоящих перед гражданами страны, — нехваткой продовольствия и жилья. Надо было помнить уроки капиталистических стран, в которых при подобной ситуации партии власти всегда проигрывают. И если сохранять социалистический строй, о котором на словах так заботился Горбачев, надо было сначала ему и КПСС решить экономические проблемы, создать для подавляющего большинства общества достойные условия жизни, а затем решать проблемы трансформации партии, предложенные Яковлевым.

Вновь сошлюсь на интервью Яковлева в «Литературной газете» от 25 декабря 1991 года. Говоря о своих предложениях по поводу реформ, он указывает: «В конце 1985 года я направил специальную записку о необходимости разделения партии на две». Хочу подчеркнуть: не создание новой партии, а именно разрушение КПСС, потому что на вопрос корреспондента: «Что значит две партии — одна коммунистическая, а другая?» — он отвечает: «Нет, я полагал, обе должны были получить новые названия». К чему привела эта позиция, показала история. Разброд, раскол в КПСС, который начал формироваться на XIX партийной конференции, привели в конце концов к полной деградации коммунистической партии, потере ее авторитета и как результат к утрате властных полномочий, стержня государственности. О какой партии можно было говорить, если депутаты-коммунисты шли на поводу популистских лозунгов Ельцина, голосуя, например, за российский суверенитет, в решении о котором была заложена мина, взорвавшая Советский Союз.

В страхе за себя, за свое положение они в полном спокойствии похоронили державу под флагом Беловежских соглашений. А я хорошо помню, какими «принципиальными» борцами за чистоту руководства страны в лице правительства они начинали свою деятельность в Верховном Совете. Где же была их принципиальность, когда пришлось решать судьбоносные для страны вопросы?

Часть 7

ПАДЕНИЕ ГОРБАЧЕВА

Факты политической жизни рокового для страны периода 1988—1991 годов хорошо известны, и я не хочу вдаваться в них. Скажу о другом. Для каждого из нас те или иные политические события, государственные решения, деяния руководителей преломляются в нашей личной жизни и работе, наших переживаниях и представлениях об обществе, идеологии, наконец, об окружающих нас людях. Они по-разному воспринимаются и оцениваются в меняющейся обстановке, от чего нередко меняется наше мнение об окружении и друзьях. Как и И. С. Тургенев, мы иногда говорим себе: «И я сжег все, чему поклонялся. Поклонился тому, что сжигал».

Но, откровенно говоря, в те годы, когда закладывались основы будущей трагедии распада страны и партии, я еще не сжигал своего уважения и веры в М. Горбачева. Что бы ни говорили и ни писали о нем сегодня, это был, несомненно, неординарный, талантливый человек, искренне пытавшийся вывести страну из кризиса. Другое дело — способны ли были он и его окружение это сделать.

Конечно, закрадывались сомнения в искренности М. Горбачева, но скорее не с политических, а с общечеловеческих, моральных, личных позиций. Я почувствовал, что Горбачевы (уверен, в первую очередь Раиса Максимовна) не хотели бы по многим причинам видеть меня во главе 4-го управления.

При всех руководителях страны я вел большую научную и общественную работу, в связи с чем мне приходилось выезжать за границу. Все генеральные секретари с пониманием относились к этим поездкам. Однажды, когда я выступал с лекцией в Риме, у М. Горбачева возникли не очень серьезные проблемы из-за небольшой травмы головы. Когда мы встретились с ним после моего возвращения, он, рассказав о случившемся, как бы вскользь, но с укоризной заметил: «А знаешь, Пономарев (тогда — секретарь ЦК) сказал мне, узнав о травме: «Чазову надо сидеть в Москве, а не разъезжать. В любой момент у Генерального секретаря могут возникнуть проблемы со здоровьем, ведь никто не застрахован, а начальник 4-го управления в это время прохлаждается за границей»». Тогда я расценил этот инцидент как выпад Пономарева против меня и возглавляемого мной движения врачей, боровшегося с ядерной угрозой, которое он считал вредным. Попробовал бы Пономарев, подумал я, поднять в тридцати шести самых консервативных странах мира тысячи врачей на борьбу за ядерное разоружение, за мир, тогда бы он понял, как мы, небольшая группа моих коллег, советских ученых и врачей, «прохлаждались» за рубежом. И только позже, покинув 4-е управление, я понял, что это был как бы намек мне на необходимость ограничить свою деятельность рамками заботы о благополучии руководства страны.

Конечно, не это было основным в решении убрать меня с поста руководителя медицинской службы Кремля. Главным явилось стремление сделать начальника Управления «карманным» исполнителем воли генсека и его жены, а Чазов в силу сложившихся дружеских отношений, авторитета, связей, да и жизненных принципов на такую роль не подходил.

Полной неожиданностью стал для меня в один из декабрьских дней 1986 года звонок М. В. Зимянина, секретаря ЦК, курировавшего социальный блок, включавший здравоохранение. Он попросил зайти к нему. В наших с ним отношениях были взаимоуважение и определенное доверие, поэтому я почувствовал его некоторое смущение, когда он предложил мне возглавить Министерство здравоохранения СССР. Второй раз в жизни обсуждалась моя кандидатура на эту должность.

Первый раз это было при Брежневе после освобождения от этой должности Б. Петровского. Тогда Косыгин предложил мою кандидатуру, его поддержали некоторые члены Политбюро и секретари ЦК. Обсуждение закончилось довольно быстро. Как только оно дошло до Леонида Ильича, тот без колебаний, как мне передавал Андропов, заявил: «Не Косыгин нашел Чазова, он мне нужен в 4-м управлении, и пусть Косыгин ищет другого министра». Откровенно говоря, я был рад такому решению. Мне не хотелось покидать 4-е управление, где удалось создать прекрасный, высококвалифицированный коллектив руководителей, профессоров, врачей, а также подобрать хороший обслуживающий персонал. Хотелось закончить строительство уникальных медицинских комплексов, создать научно-педагогическую базу. Да и возможностей заниматься научной работой в создаваемом Кардиологическом центре было гораздо больше при работе в 4-м управлении, чем на должности министра здравоохранения.

И вот через 20 лет, когда создана не имеющая аналогов в мире медицинская система 4-го управления, начал функционировать завоевавший мировое признание Кардиологический центр, когда впереди интереснейшая научная работа, я должен все оставить, чтобы, как говорили обсуждавшие этот вопрос со мной, «поднять уровень советского здравоохранения, приблизить его к показателям 4-го управления, снять с повестки дня важнейший социальный вопрос».

Конечно, я ответил Зимянину категорическим отказом. Но я хорошо знал существующую систему и прекрасно понимал, что никогда он не решился бы предложить начальнику 4-го управления перейти на другую работу, если бы не было указаний Генерального секретаря. Мне стало ясно, что за громкими словами скрывается старый кадровый прием: если надо убрать руководителя, к которому трудно придраться, надо выдвинуть его на новую должность.

Мне везет на новогодние «подарки»: вопрос о назначении начальником Управления обсуждался в последние дни 1967 года, а ровно через двадцать лет, в 1987-м, тоже в самом конце года на меня стали активно «давить», чтобы я согласился перейти на руководство Министерством здравоохранения. После Нового года позвонил Г. А. Алиев, который в Совете Министров курировал Минздрав. При разговоре с ним мне показалось, что он скорее выполняет чье-то поручение, чем искренне убеждает меня стать министром здравоохранения. И действительно, через десять лет он признался В. С. Черномырдину, что поднял просьбу Горбачева.

Наконец, после всех моих отказов позвонил сам Горбачев. Все шло по сценарию, обычному для таких случаев, — дифирамбы о прекрасном руководстве, слова о том, что лучших кандидатур нет, о значимости назначения, мнении товарищей и, наконец, о партийном долге. Я ответил, что у меня совершенно другое представление о будущем и оно связано с моей научной и врачебной деятельностью. М. Горбачев, по-моему, даже не прислушивался к моим аргументам и продолжал упорно убеждать в необходимости занять пост министра. «Ты, конечно, можешь подумать над нашим предложением, но учти, что все мы не видим никого другого на этом месте», — заключил он наш разговор. После таких слов у меня появились даже сомнения, прав ли я, отказываясь от такой высокой должности, не слишком ли амбициозны мои заявления. Однако за двадцать лет общения с политической и властной элитой я уже перестал верить высокопарным и громким фразам, прекрасно отдавая себе отчет в том, что за ними скрываются чьи-то интересы. Хорошо, когда они совпадают с моими, но в данном случае этого не было. Я молчал.

* * *

Прошло более трех недель, когда вновь позвонил М. Горбачев. Это было в четверг утром, в день, когда проходили обычно заседания Политбюро. Разговор был очень коротким. «Я прошу тебя в три часа, — заявил он, — прийти на Политбюро. Мы хотим обсудить вопрос о твоем назначении на должность министра здравоохранения». Мое представление было недолгим и сугубо формальным. Все присутствовавшие в зале заседаний хорошо знали меня, а я — их. На предложение Горбачева о моем назначении никто не откликнулся, считая вопрос решенным, и лишь Громыко заявил, что это давно надо было сделать. М. Горбачев попросил меня высказаться. Понимая, что решение фактически принято и изменить ничего нельзя, я сказал, что сознаю всю тяжесть и ответственность назначения, но без конкретной поддержки вряд ли смогу что-нибудь сделать. Нужно в корне менять принципы организации здравоохранения и прежде всего увеличить финансирование этой важнейшей социальной отрасли. В ответ М. Горбачев заявил, что они с Н. И. Рыжковым подумают, что можно сделать, чтобы помочь здравоохранению.

Буквально через неделю после моего назначения в Москве состоялся международный форум «За безъядерный мир, за гуманизм международных отношений», организованный по предложению Горбачева. В его работе принимали активное участие мои зарубежные друзья и коллеги. Во время приема Михаил Сергеевич и Раиса Максимовна подошли к нашей группе. Друзья выразили большое сожаление, что известный ученый и общественный деятель превращается в государственного чиновника. В ответ не Михаил Сергеевич, а никогда не терявшаяся Раиса Максимовна произнесла весьма лестную для меня фразу, если она была искренней, а не предназначалась для иностранного пользования: «Евгений Иванович совершил своеобразный подвиг, согласившись возглавить в этот трудный период министерство, пожертвовав научной карьерой».

Свершилось то, чего я больше всего не хотел, — мне пришлось занять пост министра здравоохранения. Было ли у меня естественное чувство удовлетворенного тщеславия? Все-таки член правительства Советского Союза — звучало очень внушительно; министр во многом определял не только состояние и будущее здравоохранения, но положение, а иногда и судьбу людей, составлявших элиту медицины.

Свое новое положение я прежде всего ощутил по той знакомой мне по прошлому волне лести и подхалимства, которая обрушилась на меня со стороны не только незнакомых мне раньше лиц, но и тех, кто мне никогда не симпатизировал. Оценил я его и по наплыву зависти, которая обычно сопровождает восходящего по любой из лестниц — власти, славы, богатства, положения в обществе. Но я, исповедуя заповеди мудрецов прошлого, всегда абсолютно равнодушно относился и к лести, и к зависти. Я помнил Эсхила, сказавшего: «Незавидна участь того, кому никто не завидует», или Диогена, предупреждавшего древнегреческих властителей: «Льстец — самый опасный из ручных животных». К сожалению, наши властители, в том числе Горбачев и Ельцин, забыли эту прописную истину.

Вероятно, я спокойно воспринял новую должность, хорошо зная, в отличие от многих, закулисную кремлевскую жизнь. Я понимал, что положение министра не выше (если не ниже) положения руководителя медицинской службы Кремля, который по заведенному еще Хрущевым порядку подчинялся Генеральному секретарю ЦК КПСС и отчитывался только перед ним. Министр здравоохранения — это фигура не только медицинская, но и политическая. Находясь на этом посту, я за три года всего лишь три раза официально встречался с Горбачевым.

В то же время я понимал, в какую непростую ситуацию попал. Многие из моих коллег с ехидством ожидали, как провалится на новом месте хваленый академик. Здравоохранение страны — это не 4-е Главное управление, обладающее колоссальными правами и многочисленными льготами. Однако тогда я не вдавался в тонкие философские и психологические оценки нового назначения, а, помня заповедь великого голландца Бенедикта Спинозы («Как только вы вообразите, что не в состоянии выполнить определенное дело, с этого момента его осуществление становится для вас невозможным»), с энтузиазмом взялся за дело.

* * *

Может встать вопрос: почему, рассказывая о политической ситуации, роковых событиях, связанных с непредсказуемыми судьбами лидеров нашей страны, я вспоминаю свою министерскую деятельность? На этом примере мне хочется показать колоссальные возможности, которые открывались перед нашей страной во многих областях жизни в период, предшествовавший распаду великой державы, и как рухнули наши надежды.

Ко времени вхождения в министерскую должность я достаточно хорошо разбирался в ситуации, сложившейся в советском здравоохранении. Было ясно, что необходимо обновление во всем: в принципах организации финансирования, управления, подготовки и совершенствования кадров, наконец, в определении приоритетов. Собственно, это то, в чем нуждалась вся советская система хозяйствования, финансирования и управления. Лозунг М. Горбачева и его команды на обновление полностью совпадал с интересами здравоохранения. В отличие от Горбачева, который за время своего руководства так и не смог создать команду единомышленников, способную обеспечить перестройку и выход страны из кризиса, у нас в Министерстве здравоохранения, пусть и на небольшом, но очень важном социальном участке жизни страны, сложилась дружная команда руководителей, в основном молодых, предложившая очень интересные и перспективные пути совершенствования. Они не были реформаторами, как сегодня модно говорить, но их идеи могли коренным образом изменить функционирование системы здравоохранения, и прежде всего его качество, которое чаще всего страдает при государственной системе.

Мои коллеги и помощники, которых я пригласил, пришли из практической медицины, зная ее болевые точки и четко представляя себе недостатки, которые надо было исправлять. Профессионализм, а не политика, идеология или личная преданность — вот что ставилось в основу подбора членов нашей команды. Надо отдать должное М. Горбачеву, он не только поддержал меня в этом нетривиальном решении, но и настойчиво рекомендовал освободить коллегию министерства от членов бывшего руководства, даже если я был с ними в хороших отношениях. Конечно, «ничто на земле не проходит бесследно», и перемены в министерстве увеличили число моих недоброжелателей — это естественная реакция обиженных.

Всю свою жизнь руководителя я прекрасно сознавал, что будут разные периоды, в том числе «слякоть и пороша», и тогда припомнятся отставки, критические выступления, не устраивавшие кого-то решения. Так и было. Но я понимал и другое: если оглядываться и прислушиваться, кто что скажет, идти на компромиссы, как это стало нормой в руководстве страной, никогда не добьешься решения поставленных задач. Если хочешь чего-то добиться, не останавливайся, не обращай внимания на выпады врагов или просто завистников...

Коллективный опыт позволил нам не на словах, а на деле сформулировать пути совершенствования и обновления системы здравоохранения. Мы понимали, что нужны новые критерии деятельности этой системы, и прежде всего переход от количественных показателей, характерных для прошлого, к показателям качества. Нельзя оценивать успехи здравоохранения количеством коек или числом врачей, их нужно рассматривать в связи с состоянием здоровья нации, уровнем смертности и заболеваемости населения страны. Нужны были новые подходы к финансированию здравоохранения, которое во все времена строилось по остаточному принципу. Да и распределение этих скудных средств происходило по необъяснимым принципам. Оказалось, что государство тратит на охрану здоровья граждан в разных регионах страны совершенно различные суммы: если в прибалтийских республиках — около 80 рублей на человека в год, то в различных регионах Российской Федерации — около 50 — 60 рублей, а в некоторых среднеазиатских республиках — чуть более 40 рублей.

Эти цифры показывают, сколь нелепо выглядел ярлык «оккупантов», который приклеивали русскому народу некоторые прибалтийские политики, боровшиеся за отделение своих республик. С каких это пор оккупанты заботятся о здоровье населения оккупированных районов больше, чем о своем собственном?!

Главное в вопросах финансирования, по нашему мнению, заключалось в определении расходов государства и общества на здравоохранение с четким обозначением суммы, выделяемой на охрану здоровья каждого гражданина страны. В этой связи мы активно начали прорабатывать вопросы страховой медицины и новые формы хозяйствования и управления в системе здравоохранения. Одним из первых поставили вопрос о децентрализации управления — о необходимости передать многие функции, выполняемые министерством, на места, в регионы. Нужно было освободить учреждения от мелкой опеки сверху.

Были определены и приоритеты здравоохранения — борьба с детской смертностью, инфекционными заболеваниями, включая туберкулез и СПИД, а также с сердечно-сосудистыми и онкологическими. Решение этих проблем осуществлялось за счет широкой профилактики, с одной стороны, и укрепления специализированной помощи — с другой.

Это далеко не полный перечень наших предложений по совершенствованию и перестройке системы здраво охранения, но из него видно, что он полностью совпадал с теми идеями по реформированию существующей экономической и хозяйственной системы, которые выдвигались нашими ведущими экономистами, учеными, передовыми хозяйственниками и заключались в новых принципах финансирования, децентрализации, самостоятельности учреждений и ведущей роли трудовых коллективов, в новых формах управления и т.д.

* * *

Вся наша профессиональная деятельность, борьба за совершенствование здравоохранения, закончившаяся формированием стратегии его перестройки, проходила на фоне сложнейших политических баталий и политических решений, определивших судьбу великой страны. И в центре этой борьбы оказались Горбачев и Ельцин.

У меня не было сомнений в том, что «перестройка», «реформирование», «обновление» (назовите этот процесс как угодно) должны идти прежде всего в экономической и социальной плоскости. Только сытый, здоровый, обеспеченный гражданин страны может разумно воспринимать гласность. Нуждающийся, не удовлетворенный жизнью человек использует ее против власти, даже если она была инициатором и гласности, и перестройки. Нужна строго продуманная стратегия обновления, где приоритетной должна быть не политика, а экономика. Она должна определять последовательность политических решений, а сами такие решения — носить стратегический характер, а не заниматься сиюминутными проблемами.

«Семь раз отмерь, один раз отрежь» — эту мудрую русскую пословицу, мне кажется, не воспринял М. Горбачев. Он был слишком самоуверен. Два события, два решения определили начало той политической борьбы, которую Горбачев проиграл, — это смещение Б. Ельцина и XIX партконференция.

Именно XIX партконференция впервые расколола партию, общество, народ, создала атмосферу неуверенности, разброда, которые в итоге привели к роковому концу. М. Горбачев шел на эту конференцию без четко разработанной стратегии. И об этом образно сказал писатель Ю. Бондарев, задав в своем выступлении на конференции риторический вопрос: «Можно ли сравнить нашу перестройку с самолетом, который подняли в воздух, не зная, есть ли в пункте назначения посадочная площадка?»

От конференции ждали многого. Мне кажется, устав от общих деклараций и многочисленных заявлений М. Горбачева, все ждали конкретного долгосрочного плана обновления экономики, общества, партии. М. Горбачев и его окружение пытались создать определенную атмосферу вокруг партконференции, примерно за полтора месяца до её открытия была даже устроена встреча в ЦК КПСС с руководителями средств массовой информации.

Тогда меня насторожило, что в ходе вроде бы дискуссии шли, как всегда, общие рассуждения о единстве партийных рядов, о том, что необходимо создать политические, идеологические, организационные предпосылки перестройки, что задача состоит в восстановлении ленинского облика социализма и т.п. Как руководителя большого социального направления в жизни страны, каким является здравоохранение, меня удивило, что во всех этих обсуждениях не нашлось слова о том, что больше всего беспокоит людей, — о социальных проблемах, недостатках в снабжении, сложной экономической ситуации, низкой зарплате некоторых групп населения, появившихся межнациональных проблемах, кадровой политике. Оставалось неясно, как мы будем выходить из нарастающего финансово-экономического кризиса, что надо сделать для консолидации общества.

Единственное впечатление, которое сохранилось у меня о XIX партконференции, — это своеобразные «политические баталии» выступавших, отражавшие разноголосицу мнений о путях будущего развития партии, страны и ее экономики. Помню разгоревшийся между М. Горбачевым и М. Ульяновым спор о роли и месте печати в перестройке партии и государства.

Удивительна все же наша страна! Те средства массовой информации, которым М. Горбачев дал полную свободу, его же и погубили, перейдя в критический период на сторону Б. Ельцина и демократов, выступивших против политики Генерального секретаря ЦК КПСС. Но в этом «заслуга» ближайшего сподвижника Михаила Сергеевича — А. Н. Яковлева, который ко времени XIX партконференции стал основным советником генсека. Потеря контроля над средствами массовой информации во многом предопределила поражение Горбачева. И не стоит ссылаться на свободу слова, свободу печати в условиях демократии. Самый убедительный пример — победа Ельцина на выборах в 1996 году, которую в значительной степени определили телевидение и большинство газет, находившихся под контролем тех кругов, которых устраивало его переизбрание.

* * *

В докладе на открывшейся 28 июля 1988 года партконференции М. Горбачев заявил: «Три последних года в нашей жизни с полным правом можно назвать поворотными. Усилиями партии, трудящихся удалось остановить сползание страны к кризису в экономической, социальной и духовной сферах». И тут же в одном из следующих выступлений Л. Абалкин сообщает, что «национальный доход, обобщающий показатели экономического и социального развития страны в прошедшие два года, рос темпами меньшими, чем в застойные годы одиннадцатой пятилетки» и что «состояние потребительского рынка ухудшилось».

Так чему же было верить — заявлениям генсека или выводам ведущего экономиста страны? Кстати, доклад Л. Абалкина был одним из немногих конструктивных на этой конференции. М. Горбачев своей речью направил дискуссию в русло обсуждения реформы политической системы. В этой области, конечно, все специалисты.

И началось... Горбачев выдвинул глупейшее предложение, чтобы первые партийные секретари совмещали свою должность с постом председателя соответствующего Совета — республиканского, областного, районного. Конечно, это вызвало резкую критику: о какой демократии, о каком плюрализме могла в таких условиях идти речь?! Самое же роковое его предложение заключалось в переходе от старой системы выборов Верховного Совета к выборам съезда народных депутатов СССР. Народные депутаты избирались не только по округам, но и от различных общественных организаций. Кого только не было в этом ноевом ковчеге М. Горбачева: кроме депутатов, избранных народом, — писатели и художники, академики и врачи, комсомольцы и архитекторы. Так и хотелось в стиле Раисы Максимовны Горбачевой сказать: «народное вече».

И что могло сделать это «вече», раздираемое политическими амбициями, групповыми, партийными и личными корыстными интересами, популизмом всех мастей?! Меня, например, умилило представление депутатов от общества дизайнеров или им подобных. Что Версаче в сравнении с советскими дизайнерами: разве мог он мечтать, что будет представлять свой профессиональный цех, например, в парламенте Италии? И что самое интересное, многие годы спустя я интересовался у участников тех событий, кто же автор столь «выдающегося и глубокомысленного решения», и все, в том числе и бывшие члены Политбюро, категорически отказывались от авторства. Говорят, что и Яковлев, определявший политику Горбачева, не хотел связывать себя с этой идеей.

Политический популизм, пустопорожняя болтовня, общие рассуждения без конкретных предложений заглушили те немногочисленные голоса, которые призывали к разработке конкретных планов выхода из кризиса. Более того, образование съезда народных депутатов обострило политическую ситуацию. Вместо консолидации съезд открыл полосу национальных и исторических противостояний в обществе и государстве. И как бы ни винили Горбачева и Ельцина, а также Беловежские соглашения в гибели Советского Союза, первую лепту в этот роковой процесс внесла конференция.

Но и нам, делегатам этой партконференции, нечего сваливать вину на кого-то. Где все мы были, когда принимались судьбоносные для Советского Союза решения? Я входил в состав комиссии по подготовке проекта резолюций конференции «О ходе реализаций решений XXVII съезда КПСС и задачах по углублению перестройки», «О демократизации советского общества и реформе политической системы». И хотя со всех сторон — и сверху, из Политбюро, и снизу, от партийных функционеров различного уровня, — неслись громкие слова о демократизации, новом стиле деятельности партии, работа комиссии проходила по худшему варианту старой проверенной системы принятия партийных решений. Мы получили проект решения, подготовленный, вероятнее всего, аппаратом ЦК КПСС. Мне представлялось, что такой важнейший документ будет детально обсуждаться на заседании комиссии, развернется конструктивная дискуссия, будут разработаны конкретные предложения, тем более что и у делегатов, и у членов комиссии было различное видение решения стоящих перед партией проблем.

Но никакой дискуссии не состоялось. М. Горбачев собрал нас прямо в зале во время одного из перерывов. Заседание шло в спешке, формально. Кто-то что-то пытался сказать, сделать замечания, но чувствовалось, что многие не вникли в суть предложений — каковы их отдаленные результаты и перспективы. Как и в старые времена, они считали: если предложения исходят от аппарата ЦК КПСС, а значит, утверждены либо секретариатом, либо Политбюро, то так и должно быть. Я представил в комиссию наши замечания, которые мы составили совместно с моими молодыми помощниками, но не увидел их в конечном варианте проекта.

Почему-то многие, в том числе и в аппарате ЦК, ждали предложений по радикальному преобразованию партии. Может быть, уже тогда Яковлев задумал переделать ее в социал-демократическую (такие заявления есть в ряде его интервью после 1991 года). После моего выступления на конференции некоторые из окружения Яковлева, мои хорошие знакомые, упрекнули меня в том, что, учитывая близость к Горбачеву, ждали больше критических оценок политической ситуации, а в докладе в основном шла речь о решении социальных вопросов, хотя и на основе новых организационных, управленческих и финансовых концепций.

После таких заявлений я еще раз внимательно просмотрел свой доклад и, хотя редко бываю («постфактум») доволен своими выступлениями, в данном случае изменил своей традиции критиковать самого себя. Понимая, что не все могут согласиться с моими выступлениями, я всегда успокаивал себя прекрасным афоризмом Г. Лессинга «Спорьте, заблуждайтесь, ошибайтесь, но ради Бога, размышляйте и, может быть, и криво, да сами». Может быть, в моем докладе что-то и было «криво», но даже сейчас, много лет спустя, я готов подписаться под любым его положением: многие из них актуальны и сегодня. В частности, я сказал: «Сейчас слово «гласность» очень часто звучит в выступлениях, в печати, по радио, телевидению. Но нередко под этим понимают только свободу слова, гарантированную нашей Конституцией. Не девальвируем ли мы это новое для нас понятие? Не повторяем ли мы ошибок прошлого, когда за словами забываем дела?» Не вписывался в представления некоторых деятелей, видевших «перестройку» только в решении политических задач, в реконструкции политической надстройки государства, и конец моего выступления. От имени выброшенного на задворки здравоохранения я заявил: «Будем едины в определении социальных проблем как основного приоритета в деятельности нашей партии».

* * *

После XIX партконференции постепенно, на первый взгляд, незаметно начала разваливаться КПСС. Горбачев все больше отдалялся от тех, с кем пришел к власти, от Лигачева, Рыжкова. Ближайшим его советником и правой рукой становится Яковлев. Ошибки во внутренней и внешней политике следуют одна за другой. Да и как им не быть, если, например, внешнюю политику страны определяли не профессиональные дипломаты, а дилетанты, бывшие партийные работники областного и республиканского масштаба — Горбачев и Шеварднадзе? К сожалению, все эти ошибки отражались на положении в стране, на жизни народа.

Мы изредка встречались с Горбачевым в неофициальной обстановке. Из разговоров во время этих встреч я понимал, что он не представляет истинного положения в партии и стране. Я попытался высказать ему все, что думаю о сложившейся ситуации, но ответная бурная негативная реакция, его раздражение отбили у меня желание впредь быть с ним откровенным. Да, пожалуй, это была наша последняя неформальная встреча.

Зная хорошо Горбачева, я видел, как он мечется в поисках выхода, как заигрывает с так называемыми демократами, руководителями республик, с народом на улицах. И постоянные компромиссы, компромиссы и компромиссы...

Я с тяжелым чувством понимал, что впереди нас ждут трудные времена. Добавили уверенности в таком исходе и мои старые знакомые из руководства КГБ, сказавшие, что, по данным их аналитических служб, рейтинг М. Горбачева упал до критического уровня—10%. Какая судьба! Народ, который горячо приветствовал в 1985—1986 годах молодого, прогрессивного генсека, верил в него, в то, что он выведет страну из кризиса, всего за три года отвернулся от своего кумира. В моем сознании это было смутное, непредсказуемое и непонятное время. Неразбериха царила в умах, в обществе, в государстве. Старые принципы и новые идеи сосуществовали даже в стенах ЦК КПСС на Старой площади...

Меня часто спрашивали: «Почему, добившись многого для здравоохранения, создав базис, который начал давать положительные результаты, вы добровольно покинули пост министра? Ссылки на травмы во время автомобильной катастрофы, о которых говорилось при вашей отставке, по меньшей мере наивны, учитывая, что вам удалось восстановить здоровье и даже подниматься после этого на «Приют одиннадцати» на Эльбрусе. Так почему же Горбачев так легко подписал один

из своих первых в качестве президента страны указов о вашем освобождении по собственному желанию?»

Мне трудно было отвечать тогда, нелегко и сегодня. Прежде всего, соглашаясь с назначением на пост министра, я поставил перед М. Горбачевым условие, что по прошествии трех
лет буду иметь возможность покинуть Министерство здравоохранения и полностью посвятить себя науке, которая пред-
ставляла для меня основную ценность в жизни. Даже при на-
пряженной работе министром, требовавшей колоссальной
отдачи сил и отнимавшей много времени, я ни на один день
не оставлял ни врачебной, ни научной деятельности. Но основным было другое. В 1989 году я почувствовал, что в раз-
горающейся политической схватке вся наша бурная деятельность, все наши достижения никому не нужны. Когда обостря-
ется борьба за власть, разгораются межнациональные стыч-
ки, появляется возможность для личного обогащения, тут уж
никого не интересуют ни состояние детской смертности, ни
борьба с сердечными и онкологическими болезнями, ни уровень инфекционной заболеваемости. Работать становилось
все труднее. Половинчатая позиция партии прежде всего в
экономических вопросах, бесконечные компромиссы и пустые обещания Горбачева, отсутствие твердой воли у руководства страны, неопределенность будущего создавали гнетущую атмосферу как в государственном аппарате, так и среди
руководителей на местах.

Многие наживали политический капитал на трагедии людей, например на последствиях аварии на Чернобыльской
атомной станции. Помню гневные тирады в адрес «власть при-
держащих» корреспондента «Литературной газеты» из Киева Б.
Щербака, избранного в Верховный Совет. В медицинских кругах с учетом его медицинского прошлого шутили, что он один
из первых медиков среди журналистов и один из первых журналистов среди медиков, за душой которого только выступления по Чернобылю. После распада Советского Союза в независимой Украине он стал министром по делам экологии, но работать сложнее, чем критиковать. Так ничего и не сделав для
чернобыльцев, судьбой которых он еще недавно был очень
озабочен, он быстро переквалифицировался в дипломата.

***

КПСС ничего не могла противопоставить различным группам типа Межрегионального объединения, националистическим тенденциям и даже тем, кто, как А. Сахаров, боролся за смену существующего строя. Партию раздирали внутренние противоречия и разногласия: в Политбюро политика Яковлева и Шеварднадзе противостояла политике Лигачева, Рыжкова и других, в региональных партийных организациях образовывались «троянские кони» вроде движения «Коммунисты за демократию» А. Руцкого.

Дутой оказалась восхвалявшаяся годами монолитность партии. Да и могла ли она быть в 17-миллионной организации, значительная часть членов которой пришла в партию не по велению сердца, а ради карьеры и благополучия? Их нельзя одобрять, но нельзя и презирать. Партия сама создала такие условия, учитывая, что человек мог проявить себя в жизни и работе, только будучи членом КПСС. Представление о человеке нередко складывалось на основе не его профессионализма, деловых качеств, а принадлежности к КПСС. Если бы КПСС была действительно партией единомышленников, объединенных не просто партийной дисциплиной, а искренней верой, какая была у таких большевиков, как мои отец и мать, делавшие революцию, если бы в ней были настоящие бойцы, а не попутчики, она бы так легко не отдала власть и не обрекла Советский Союз на уничтожение. Нужно было держать в руках только ключевые позиции и дать больше возможностей проявить себя беспартийным профессионалам, талантливым организаторам, не входящим в состав КПСС. Кстати, об этом не раз говорил и Андропов.

Когда собрался I съезд народных депутатов, мы надеялись, что М. Горбачев предложит конкретную программу выхода из экономического и политического кризиса. К сожалению, ничего, кроме общих рассуждений об ошибках прошлого и о демократизации, кроме словесной перепалки, призывов и обращений, страна не услышала. Удивляли пассивность Горбачева, отсутствие твердой позиции и воли руководителя. Казалось, он лавирует между различными группировками, мнениями, уходит от ответа на острые вопросы. Мне это особенно бросилось в глаза, когда он председательствовал на заседании Верховного Совета, избранного съездом народных депутатов.

Верховный Совет был зеркальным отражением съезда и по составу, и по характеру работы. Чего только стоит напоминавшее театральное шоу утверждение правительства СССР! Глупая игра в демократию, предложенная Горбачевым в виде нового положения о Верховном Совете, который теперь должен был рассматривать и утверждать кандидатуры всех руководящих работников государственного аппарата, привела к тому, что более месяца депутаты вместо того, чтобы заниматься актуальными проблемами жизни страны, изводили членов правительства пустыми вопросами, часто демонстрируя некомпетентность. Можно было бы понять обсуждение руководителей ключевых структур, таких, как силовые министерства, министерство финансов или иностранных дел, но что могли знать депутаты об атомной или электронной промышленности, чтобы решать, может или нет продолжать работу министр, профессионал, досконально знающий свою отрасль?!

Помню десятки вопросов, которые сыпались на меня на протяжении почти трех часов обсуждения моей кандидатуры. Из них, может быть, 20% были по делу. Я старался достаточно полно и доходчиво отвечать на них. Но в конце концов, обычно вежливый и корректный, просто не выдержал и на глупый и наглый вопрос: «А что вы сделали для блага страны?» — резко ответил: «Когда многие из здесь сидящих делали только то, что обсуждали проблемы, стоящие перед страной, на кухне с женой или друзьями, и на этом кончался их гражданский долг, я делал дело — создавал больницы и санатории, разрабатывал новые методы диагностики и лечения, спасал нашу природу, как, например, вместе с товарищами спас жемчужину России — Жигули, где хотели построить атомную станцию». К моему удивлению, мои агрессивность и резкость сразу оборвали дискуссию. Видимо, многие поняли, что своими вопросами могут выставить себя в неприглядном виде. Но больше всего во время заседания меня поразили даже не депутаты, а поведение председательствовавшего на заседании моего старого друга М. Горбачева: на протяжении всего обсуждения он молчал и не сказал ни одного доброго слова в мой адрес.

* * *

Все это еще раз утвердило меня во мнении, что надо покидать пост министра. Почему я не отказался от этой должности до заседания Верховного Совета? Мне казалось, что такое решение будет воспринято как капитуляция, признание поражения нашей команды. Нет, надо было добиться утверждения моей кандидатуры, рассказать о наших достижениях не только Верховному Совету, но и всей стране. Мне кажется, это удалось сделать, поскольку шла прямая трансляция заседания. Да и в Верховном Совете лишь двадцать человек выступили против.

В целом в системе здравоохранения мое утверждение было воспринято благожелательно. Поздравил меня и Н. И. Рыжков. Единственный, кому это уже было безразлично, был глава государства М. Горбачев.

В тот период журналисты и некоторые депутаты развернули острую дискуссию по двум вопросам — привилегиям и Чернобылю. Эти обсуждения носили больше популистский характер и не решали основных проблем жизни страны и ее будущего. Горбачев (в отличие от Ельцина) почему-то очень остро воспринимал выступления по поводу привилегий. Он, по моему представлению, терялся, когда некоторые депутаты, вроде Э. Памфиловой, требовали ликвидации любых привилегий для руководителей партии, государства, членов правительства. Он расценивал их не иначе как «глас народа», забывая о лицемерии и популизме людей. Та же Э. Памфилова, став министром при Б. Ельцине, молчала не только о привилегиях, но и о строительстве новых дач, реконструкции президентских апартаментов, стоивших миллионы долларов, мало того, и сама пользовалась благами, положенными министру, против которых когда-то выступала.

Несколько раз М. Горбачев звонил мне по поводу ликвидации 4-го управления, осуществлявшего медицинскую и санаторную помощь не только руководителям государства и членам правительства, но и большому кругу деятелей науки и искусства, видным военачальникам, писателям. Мне до боли в сердце было тяжело представлять, как рухнет лучшая в мире система оказания медицинской помощи, становлению которой было отдано двадцать лет жизни. Горбачев не воспринимал моих доводов, повторяя избитые фразы, что демократия не совместима с привилегиями.

Последний наш разговор состоялся в декабре 1989 года. М. Горбачев искал меня в связи с событиями в Баку, куда надо было срочно направить медицинские отряды, чтобы оказать помощь сотням пострадавших. Он даже не знал, что я нахожусь в больнице в тяжелом состоянии после автомобильной катастрофы. Выразив соболезнование, он вернулся к вопросу о ликвидации 4-го управления. Повторив свои доводы, я просил сохранить созданную систему, может быть, расширив или изменив контингент, ибо легче всего разрушать, но очень трудно создавать. Видимо, Горбачев хотел предстать в облике защитника интересов народа, демократа, ибо вскоре я получил решение о преобразовании 4-го управления с выводом из его состава лучших учреждений — спецбольницы на Мичуринском проспекте, большинства санаториев. Уверен, что большую роль в этих решениях сыграл страх перед популистскими заявлениями Б. Ельцина, громившего в статьях и выступлениях привилегии «слуг народа». В этом еще раз проявилась слабость Горбачева, который не смог дать достойный отпор Ельцину.

Первое, что сделал Ельцин, захватив власть, — восстановил в новом виде 4-е управление. Были возвращены и больница на Мичуринском проспекте, и санатории на Северном Кавказе, и многие другие учреждения. Решительный Ельцин не испугался, в отличие от Горбачева, «гласа народа». Но что потеряно, того уж не вернешь. Новому управлению, по мнению всех моих коллег — академиков и профессоров, да и пациентов, по всем параметрам было далеко до бывшего 4-го управления. Да что там 4-е управление, если была разрушена великая держава...

В марте 1990 года, покидая пост министра, я в последний раз встретился с М. Горбачевым. Он никогда раньше не выглядел таким озабоченным и растерянным. Мы ни словом не обмолвились, как раньше, ни о ситуации в стране, ни о его планах на ближайшее будущее. Мне показалось, что в тот период его больше беспокоила борьба со старой гвардией в партийном руководстве, чем с зарождающимся мощным движением так называемых демократов. Вспоминая появившуюся в журнале «Штерн» фотографию, на которой мы были засняты с ним в годы молодости в Архызе, он вдруг перевел разговор на заявления некоторых функционеров о нечестных путях, которыми якобы он пришел к власти. Именно они, по его мнению, были основным препятствием для развития перестройки и выхода страны из кризиса. Встреча была недолгой. Хотя Михаил Сергеевич, прощаясь, говорил хорошие слова о том, что настоящая дружба остается навсегда, я по опыту последних лет понимал, что мы с ним вряд ли когда-нибудь встретимся.

В конце 1991 года, когда М. Горбачев номинально еще был президентом Советского Союза, в журнале «Столица» появилась статья С. Лена, лауреата Международной премии Даля, который сделал интересное заключение: «Каковы бы ни были личные цели и планы Горбачева в 1985 году, как бы он ни «перестраивался» в течение шести лет, объективно Горбачев, маневрируя и игнорируя, совершил мировую антикоммунистическую революцию и завершил ее почти бескровно!» Сегодня с таким выводом согласятся, вероятно, все.

* * *

…25 декабря 1991 года был обычный рабочий день, хмурый и неприветливый, как часто бывает в это время года. В обыденных предновогодних заботах, задерганные политиками всех мастей, запуганные предстоящим повышением цен, обнищанием и безработицей, потерявшие веру в любые идеи, мало кто из простых граждан Советского Союза задумывался над тем, что формально это последний день их Родины, одной из двух сверхдержав на нашей планете.

Растерянный, поникший, даже как будто сгорбившийся, Горбачев выступил с обращением по телевидению. Нельзя было без горечи смотреть на жалкого Президента Советского

Союза, отрекавшегося от своего «престола», своими руками, а вернее, своей политикой и своим поведением разрушившего великую страну. И впрямь, как сказал Наполеон, убегая из России: «От великого до смешного один шаг».

Мне, наверное, как и многим, стало не по себе, когда я увидел на экране телевизора, как опускается флаг СССР и вместо него над Кремлем поднимается флаг России. Но какой России — той, которую в XVIII — XX веках уважали и боялись в Европе, которая во многом определяла политический климат во всем мире? Нет. Это был флаг побежденной и униженной России, сброшенной с пьедестала великой державы. В этот трагический день говорил только побежденный Горбачев, победители — американцы, мечтавшие разрушить Советский Союз, и Ельцин — молчали.

Не было пушечных салютов, военных парадов, фейерверков, праздничных приемов. Объяснимо молчание американцев — они знали, что в создавшейся ситуации лучше промолчать, чтобы не обижать «друга Горбачева», который помог воплотить в жизнь их мечту. Почему торжество Б. Ельцина не выплеснулось наружу, трудно сказать — может, все-таки совесть мучила, а может быть, уже просто шло торжественное застолье. Рассказал же А. Коржаков, как после расстрела Белого дома в 1993 году пировали в Кремле в то время, когда еще не остыли трупы убитых.

Вчитайтесь в строки его воспоминаний. Как кощунственно звучат признания А. Коржакова: «Около 18 часов 4 октября 93-го, благополучно сдав мятежников с рук на руки, мы с Барсуковым прямо из Лефортово поехали в Кремль, на доклад. Президента не застали в кабинете, он был в банкетном зале. С удивлением я обнаружил, что торжество в честь победы началось задолго до победы и уже подходит к концу... Нам налили до краев по большому фужеру водки. Легко залпом выпив, мы присоединились к общему веселью».

Не знаю, как вам, а мне стало страшно — кто же стоял во главе власти?..

Часть 8

Б. Н. ЕЛЬЦИН. ДИАГНОЗ БОЛЕЗНИ

Кем был сменивший Горбачева Б. Н. Ельцин — герой, стратег, задумавший и осуществивший уничтожение коммунистического строя, великий гражданин XX века, обеспечивший победу демократии в России? Или это антипод описанному портрету, как считают многие, и все, что он совершил, творилось лишь с одной целью — захватить власть любой ценой, во что бы то ни стало взойти на Олимп, стать «царем Борисом»? Не буду ссылаться на коммунистов, чтобы исключить возможные обвинения в предвзятости. Сошлюсь на иностранных политических экспертов.

Обозреватель итальянской газеты «Република» Сандро Виола, которого не заподозришь в симпатиях к коммунистам, пишет, что Ельцин — человек «вспыльчивый, авторитарный, неустойчивый в своих настроениях, к тому же алкоголик, и его здоровье в отвратительном состоянии». Еще более резко отзывается о нем Д. Кьеза в книге «Прощай, Россия!»: «Сказать о нем можно многое. Что он груб, циничен, склонен выжимать своих соратников до капли, а затем жертвовать ими, сваливая на них всю ответственность... невежественен в экономике, неспособен критически воспринимать лесть и любит окружать себя царской роскошью... Но главная его черта другая. Он — лжец». Основное обвинение Д. Кьезы заключается в том, что «никогда еще с допетровских времен Россия не была такой ничтожной, такой маргинальной... Основную роль в этом откате сыграл поправший ее трагическое величие Борис Ельцин».

Перенесемся в далекий теперь уже 1984 год, когда мне впервые пришлось встретиться в Свердловске с первым секретарем обкома Борисом Николаевичем Ельциным. В памяти остались воспоминания о типичном партийном функционере областного масштаба, мысли которого были заняты обычными житейскими проблемами: обеспечением населения продовольствием и жильем, ремонтом театра, строительством дорог. Мы провели тогда два вечера за обычным для тех времен застольем в честь гостей из Москвы. И, честно говоря, Б. Ельцин меня покорил не только своим знанием нужд области и заботой о ее жителях, но и своим характером, в котором чувствовались сила, напористость. Привлекала и его простота в общении. (Кто тогда думал, что многое в его поведении носит популистский характер?)

Поэтому я не удивился, когда Лигачев, с восторгом рассказав о Ельцине, проронил, что они с Горбачевым хотят привлечь его для работы в Москве, в ЦК КПСС, с перспективой дальнейшего выдвижения в Политбюро. Для меня, да и для многих, было ясно, что его перевод на должность заведующего отделом ЦК — лишь трамплин и что он должен заменить кого-то из старой гвардии руководителей. Но кого? Ларчик просто открывался. Надо было убрать ненавистного В.В. Гришина. В то время я, как правило, участвовал в работе московских партийных конференций и помню, с каким энтузиазмом Ельцин был избран на должность первого секретаря Московского горкома партии, какие надежды возлагали на него не только коммунисты, но и простые москвичи.

И хотя звучали, да и продолжают звучать голоса об ошибке, которая была сделана Горбачевым и Лигачевым, рекомендовавшими Ельцина, будем честны перед историей и скажем, что в декабре 1985 года в их окружении не было более подходящей фигуры на роль лидера Москвы. Да и первые шаги Ельцина по наведению порядка в Москве были поддержаны всеми — от Горбачева до простого рабочего. Поражали его работоспособность, стремление самому вникнуть во все вопросы, неважно — касается это работы ЗИЛа или деятельности районной поликлиники. Работал он в буквальном смысле день и ночь. Учитывая гипертонические кризы, которыми он страдал, мы (врачи) неоднократно просили его соблюдать хотя бы минимальный режим. Но он, иначе не скажешь, пропускал мимо ушей все наши рекомендации, и по-человечески я его понимал.

Став после В. В. Гришина первым лицом в Москве, Б. Ельцин должен был показать себя, завоевать авторитет, доказать, что выбор не был ошибочным. Конечно, это сильная личность, полная неудовлетворенного тщеславия и жажды власти.

Но если говорить по большому счету, то тот административно-командный метод, который потом, борясь за власть, часто с популистскими целями критиковал Б. Ельцин, был типичным стилем его работы в Московском горкоме.

* * *

Мне кажется, что через год-полтора после прихода в московскую власть Ельцин понял, что больших лавров на должности секретаря горкома в царившей тогда обстановке он не завоюет. Б. Ельцин стал срываться, у него нарушился сон (по его словам, он спал всего три-четыре часа в сутки), и в конце концов он попал в больницу. Эмоциональный, раздраженный, с частыми вегетативными и гипертоническими кризами, он произвел на меня тогда тяжкое впечатление. Но самое главное, он стал злоупотреблять успокаивающими и снотворными средствами, увлекаться алкоголем. Честно говоря, я испугался за Ельцина, потому что еще свежа была в моей памяти трагедия Брежнева. Ельцин мог пойти по его стопам (что и случилось впоследствии, причем в гораздо худшей форме).

Надо было что-то предпринимать. Я обратился за помощью к известному психиатру, которого считал лучшим по тем временам специалистом в этой области, члену-корреспонденту АМН Р. Наджарову. Состоялся консилиум, на котором у Ельцина была констатирована не только появившаяся зависимость от алкоголя и обезболивающих средств, но и некоторые особенности психики. Сейчас мало кто остался из состава того консилиума: Р. Наджаров внезапно скончался от инфаркта миокарда, доктор Д. Нечаев, который стал лечащим врачом В. Черномырдина, был убит.

В период проведения операции Б. Ельцину в 1996 году мы попросили предоставить нам его старые истории болезни, чтобы уточнить некоторые параметры функции сердечно-сосудистой системы в то время, однако его лечащий врач А.И. Григорьев сказал, что все истории болезни Ельцина до 1993 года были изъяты начальником его охраны Коржаковым.

Наши рекомендации после консилиума о необходимости прекратить прием алкоголя и седативных препаратов Ельцин встретил в штыки, заявив, что он совершенно здоров и в нравоучениях не нуждается. Тогда же я впервые познакомился с его женой, Наиной Иосифовной, которая поддержала нас, но на ее просьбы последовала еще более бурная и грубая по форме реакция. К сожалению, жизнь подтвердила наши опасения, и через 10 лет этот сильный от природы человек стал тяжелым инвалидом.

Постепенно Б. Ельцин стал все больше напоминать Брежнева в последние годы его жизни. Когда он дирижировал немецким оркестром на улицах Берлина, я вспоминал Брежнева, дирижировавшего участниками польского партийного съезда, поющими «Интернационал». Он напоминал мне Брежнева, когда, находясь с визитом в Швеции и оторвавшись от бумажки, по которой читал, начинал путать Швецию с Финляндией. И наконец, «ирландский сон» Ельцина, из которого его не могли вывести лечащие врачи, всколыхнул во мне тяжелые воспоминания о последнем визите Брежнева в ГДР, в ходе которого, перебрав снотворных и успокаивающих средств, он не мог подняться, чтобы выступать с официальным приветствием.

Наша откровенность при изложении результатов консилиума не понравилась Ельцину, и я впервые почувствовал холод в его отношении ко мне. В подобных случаях я всегда вспоминал мудрые слова О. Бальзака: «Правда — точно горькое питье, неприятное на вкус, но зато восстанавливающее здоровье». К сожалению, в данном случае правда не принесла здоровья.

В то время у меня сохранялись еще доверительные отношения с М. Горбачевым, и я рассказал ему о мнении консилиума (да и просто по положению я как начальник 4-го управления обязан был это сделать). Горбачев абсолютно спокойно, я бы даже сказал равнодушно, отнесся к моему сообщению и никак на него не прореагировал. С учетом инсинуаций некоторых журналистов, появившихся в последующие годы, должен сказать, что никакой официальной информации в Политбюро о состоянии здоровья Б. Ельцина мы по просьбе Михаила Сергеевича не представляли. Это было время, когда Ельцин всех устраивал и был нужен Горбачеву.

* * *

Как я уже рассказывал, в начале 1987 года постановлением Политбюро меня перевели на должность министра здравоохранения СССР, и в гуще навалившихся вопросов я оторвался от проблем 4-го управления, проблем, связанных со здоровьем руководства страны, тем более что чье-то неведомое, но очень влиятельное вмешательство постаралось ограничить мое участие в этих делах. Забыл я и о проблемах Б. Ельцина.

По вопросам здравоохранения Москвы мы часто разговаривали с Борисом Николаевичем, вместе решали вопросы, в том числе и кадровые, и я не чувствовал враждебности с его стороны. В моем мнении он оставался все тем же типичным партийным руководителем новой волны, набиравшим силу и авторитет, пользовавшимся поддержкой Горбачева.

Выступление Ельцина на октябрьском пленуме 1987 года прозвучало для многих, как гром среди ясного неба. Конечно, это был смелый шаг даже для того времени. Мне непонятны лишь мотивы его заявления. Что это — реакция ущемленного самолюбия в связи с созданием Лигачевым комиссии по проверке работы Московской парторганизации, неудовлетворенные амбиции человека, рвущегося вверх по лестнице власти и продолжающего оставаться лишь кандидатом в члены Политбюро, или это искренние заявления человека, думающего не о своей персоне, а о благе народа, о благе Советского Союза? Но если это действительно делается ради блага народа, то почему выражается в такой форме, а не в виде аргументированной новой программы действий, которая могла бы быть представлена на том же пленуме?

Слушая выступление Б. Ельцина, я невольно вспомнил обсуждение на консилиуме, о котором писал выше, особенностей его нервно-психического статуса с доминированием таких черт характера, как непредсказуемость и властная амбициозность. Прошло около двух недель после октябрьского заявления Ельцина, как это мнение подтвердилось.

Во время работы в 4-м управлении я не любил первые дни после ноябрьских праздников, и не потому, что после праздников тяжело вновь включаться в работу, просто в прошлом эти дни принесли мне много неприятностей: скончался Л. И. Брежнев, произошло необратимое обострение болезни Ю. В. Андропова, и еще много других переживаний относилось к этим дням.

Мне казалось, что после перехода на работу в министерство у меня началась новая жизнь, далекая от проблем «Кремлевки», как величали в те времена 4-е управление. Поэтому я был удивлен, когда утром 9 ноября мне позвонил, видимо, по старой памяти, взволнованный Е. К. Лигачев и спросил, знаю ли я что-нибудь о состоянии здоровья Ельцина. Оказалось, что кто-то из помощников, возможно, Илюшин, сообщил ему по телефону, что Ельцин ранил себя ножом в грудь то ли случайно, то ли сознательно. На мое замечание, что 4-е управление вне моей компетенции и меня уже давно не информируют о состоянии здоровья руководителей всех рангов, Лигачев попросил все же постараться выяснить, в чем дело.

В спецбольнице на Мичуринском проспекте я застал нескольких наших ведущих профессоров, которые обследовали Бориса Николаевича. Помню среди них известного специалиста в области грудной хирургии академика М. Перельмана. Оказалось, паника была напрасной. Б. Ельцин на работе ударил себя в левую половину груди ножом для резки бумаги. Как известно, нож этот — с тупым концом, не заточен и вряд ли мог вызвать тяжелые повреждения, в частности ранение сердца. Действительно, рана оказалась неопасной, кроме того, при ударе нож скользнул по ребру.

Б. Ельцин объяснял ранение случайностью. По его словам, сидя за столом, он опирался грудью на нож, который, выскользнув из руки, вызвал ранение. В это трудно было поверить и по характеру повреждения, и по его локализации. Факт этого ранения, указывавший на особенности нервно-психического статуса Б. Ельцина, долго скрывался им самим и его окружением. Кажется, Михаил Полторанин, осуществлявший информационное обеспечение прихода Ельцина к власти, в ответ на вопрос о слухах о ранении клялся, что ничего подобного не было.

* * *

Сам Ельцин так интерпретирует свою госпитализацию 9 ноября в книге «Исповедь на заданную тему»: «Девятого ноября с сильными приступами головной и сердечной боли меня увезли в больницу. Видимо, организм не выдержал нервного напряжения, произошел срыв». Здесь правда только в том, что действительно произошел нервно-эмоциональный срыв затравленного человека, который закончился тяжелой реакцией, похожей на суицид (самоубийство).

И все же это не был суицид. И тогда, и спустя годы, не упоминая имени Бориса Николаевича, мне приходилось обсуждать эту ситуацию со специалистами-психиатрами, и все они в один голос говорили, что это больше похоже на инсценировку суицида. Люди, собирающиеся покончить с жизнью, говорили они, выбирают более опасные средства, чем нож для бумаги (в своей же книге Б. Ельцин описывает случай, когда бывший секретарь Киевского райкома партии, освобожденный им от занимаемой должности, покончил с жизнью, выбросившись из окна).

Для меня ситуация была ясна — это совершено в состоянии аффекта человеком, который в тот момент думал, что рушатся все его жизненные планы, рушится надежда на власть. И хотя я понимал характер мотивов, где-то в глубине души мне в тот период было искренне жаль Ельцина. Но лишь до той поры, когда он и его окружение не только скрыли правду, но и исказили суть всего происходившего в эти дни, свалив все беды Ельцина на лечивших его врачей.

И еще один аспект в истории с Б. Ельциным требует выяснения — это обвинения в адрес врачей. И сам Ельцин, и Коржаков пытались обвинить врачей в злонамеренном введении

Борису Николаевичу перед пленумом Московского горкома болеутоляющих средств, которые, по их мнению, «вызвали торможение мозга». Коржаков пишет: «Перед отъездом врач вколол больному баралгин. Обычно этот препарат действует как болеутоляющее средство, но в повышенных концентрациях вызывает торможение мозга. Зная это, доктор влил в Ельцина почти смертельную дозу баралгина».

К сожалению, этот доктор не может вступиться за свою честь и врачебное достоинство — Д. Нечаев погиб от пули наемного убийцы. Но я бы в свою очередь задал вопрос Коржакову: почему вы как руководитель охраны Президента молчали, зная, что ему неоднократно, длительное время, в том числе и перед выборами на второй срок президентства, вводились значительно большие дозы баралгина (до 30 мл!), чем были введены Нечаевым. На самом деле все было не в баралгине, а в нервно-психическом срыве, в той реакции на стресс, которая произошла у него в связи с октябрьским пленумом 1987 года и ранением в грудь.

В тот период я уже не участвовал в консилиумах и лечении руководителей страны, так что не могу ничего сказать о том, как проходил процесс лечения Б. Ельцина и кто какие принимал решения. Лишь позднее от Д. Нечаева, который считался моим учеником, я узнал некоторые подробности, в частности связанные с поездкой Ельцина на пленум горкома партии. Я же, вернувшись из больницы, позвонил Лигачеву и рассказал о случившемся. На следующий день был звонок от Горбачева, он объяснил, что Д. Щербаткин доложил ему о состоянии здоровья Ельцина, и спросил: как я думаю — можно ли Борису Николаевичу участвовать в работе пленума горкома? Несмотря на мой ответ (этого делать нельзя — ведь прошли только сутки после ранения и стресса, к тому же это будет воспринято всеми негативно), он заявил буквально следующее: «Я его не заставляю идти на пленум, но я с ним говорил по телефону, и он согласен с тем, что проводить пленум надо, и он будет участвовать в его работе».

Мне кажется, это была одна из первых ошибок Горбачева в его отношениях с Ельциным. Ничего не могу сказать о характере того их телефонного разговора (позднее, спустя годы, они по-разному интерпретировали и сам разговор, и всю возникшую ситуацию), но для меня это было лишь подтверждением особенностей нервно-психического статуса Бориса Николаевича с непредсказуемостью его действий.

* * *

Прошел пленум ЦК, горкома партии, и, казалось, «дело» Ельцина заглохло. А может быть, просто в тяжелой министерской жизни у меня хватало своих проблем и не до того было, что происходит вокруг Б. Ельцина. Первый всплеск интереса был связан с его выступлением на XIX партконференции. Оно было явно направлено против Политбюро, против Горбачева. Его критическая сторона была интересной и полезной, но в целом это было выступление идейного коммуниста. Не знаю, перечитывал ли его когда-нибудь Борис Николаевич — когда через два года торжественно отрекался от КПСС и затем запрещал ее или когда предлагал выбросить из Мавзолея тело В.И. Ленина, но это была позиция твердого коммуниста-ленинца. Особенно меня поразила концовка просьбой о политической реабилитации. «Я считаю, — говорил он, — что единственной ошибкой в выступлении (на октябрьском пленуме ЦК КПСС в 1987 г.) было то, что я выступил не вовремя — перед 70-летием Октября. Видимо, всем нам надо овладеть правилами политической дискуссии, терпеть мнение оппонентов, как это делал В.И. Ленин, не навешивать сразу ярлыки и не считать еретиками... Я остро переживаю случившееся и прошу конференцию отменить решение Пленума по этому вопросу. Если сочтете возможным отменить, тем самым реабилитируете меня в глазах коммунистов».

В 1991—1992 годах, когда социалистическая система стала по предложению Б. Ельцина заменяться капиталистической, но еще свежи были в памяти его высказывания, в частности, на XIX партконференции, у меня не шел из головы вопрос: чем были эти коммунистические заявления — лицемерием или Б. Ельцин все-таки думал «возродиться из пепла» в рамках коммунистической партии и через нее, победив Горбачева, получить желанную власть? Тогда еще не было съезда народных депутатов, Межрегиональной депутатской группы, да и вообще в Российской Федерации никто не думал о необходимости иметь своего президента. М. Горбачев недооценил политические амбиции и возможности Б. Ельцина и к тому же переоценил себя. Он думал, что народ будет всегда относиться к нему, как к мессии, который принес свободу и демократию. Недооценил он и амбиций руководителей национальных республик, игравших в любые времена на беспроигрышных националистических струнах.

В этой связи мне вспоминается характерный эпизод. В начале августа 1991 года, освободившись от министерских и других государственных забот, впервые в жизни я после перенесенной травмы отдыхал в Крыму. 4 августа мы договорились встретиться с моим хорошим знакомым, первым секретарем Крымского обкома Н. Багровым. Он позвонил и сказал, что в связи с приездом Горбачева запоздает, но обязательно будет. Появился он лишь к вечеру, притом очень озабоченный. Причина вскоре выяснилась. Как всегда, когда в Крым приезжали руководители Советского Союза, в Симферополе их встречало руководство не только Крыма, но и Украины. М. Горбачев с обычным для него пафосом начал рассказывать о создаваемом новом союзном договоре, о его подписании. Л. Кравчук попытался не то чтобы возражать, а вставить какое-то замечание. В ответ Горбачев в довольно резкой форме заявил: «О чем говорить, куда Украина денется, подписывать договор ей все равно придется». «Ну как Михаил Сергеевич не поймет, — продолжал Н. Багров, которого не обвинишь в украинском национализме, — что так с республиками нельзя разговаривать?»

Все эти большие и малые промахи Горбачева очень удачно использовал в своей борьбе за власть Ельцин. Его возрождение как политического деятеля, несомненно, связано с избранием его на съезд народных депутатов и вхождением в Межрегиональную депутатскую группу. Это была удивительная по составу группа, в которой объединились люди с самым разным прошлым, с самыми различными взглядами. Объединяло их лишь одно — ненависть к существующей власти и борьба с ней. В своей борьбе с Горбачевым, в борьбе за власть Ельцин блестяще воспользовался вхождением в эту группу.

Афанасьевым, поповым и иже с ними нужен был Б. Ельцин — известный человек, обиженный властью, смело ставящий острые вопросы, благодаря популистским лозунгам пользующийся авторитетом и любовью значительной части общества. Им нужен был деятель — разрушитель системы. И они нашли такого. Но они явно недооценили или не знали характера Б. Ельцина. Не они, а он их использовал, как впоследствии использовал и других «попутчиков» в своем восхождении на Олимп власти. Ни Ельцин, ни его окружение не задумывались над тем, какова будет цена победы. Многие из них сейчас и не скрывают, что главным для них было уничтожить власть М. Горбачева, а значит, разделаться с центром. И когда депутаты Верховного Совета РСФСР аплодисментами встречали принятую ими декларацию о суверенитете России, они не думали о том, что сделали первый шаг к разрушению Советского Союза. Только слепой, вроде Горбачева, спокойно воспринявший акцию 12 июня 1990 года, мог не увидеть перчатку, брошенную Ельциным центральной власти.

* * *

Судьба, вернее, рок помогали Б. Ельцину в его борьбе. Что бы он делал, если бы в августе 1991 года не был организован так называемый путч? Я до сих пор, хотя о нем написаны десятки воспоминаний, не могу понять, что же это было.

Утром в день объявления ГКЧП я позвонил в не так давно оставленное мной 4-е управление и спросил у своих бывших секретарей, где руководство. Ответ, признаться, меня удивил — начальник Управления отдыхает на Валдае и не собирается в ближайшие дни возвращаться. Но если руководитель, обеспечивающий охрану здоровья президента страны, отдыхает, значит, все разговоры о болезни главы государства — блеф. Успокоившись, я продолжал работать, понимая, чем закончится вся эта эпопея.

На 3-й день путча, 21 августа, мне позвонил Н. Н. Ваганов, заместитель министра здравоохранения РСФСР, которого, кстати, я, будучи министром, вытащил в Москву, кажется, из Карелии, помог в продвижении по службе. Разговор был, как между старыми знакомыми. «Что случилось?» — спросил я. «Да знаете, Евгений Иванович, — ответил он, — И. Силаев вылетает в Крым для того, чтобы вывезти М. Горбачева, но раз разговоры шли о болезни, то нас просят выделить кардиолога и невропатолога для освидетельствования». Я уже знал по своим разговорам с 4-м управлением, что М. Горбачев совершенно здоров. «Зачем это нужно, ведь все знают, что он здоров, — возразил я. — Этим вы только поддерживаете фарс, который разыгрывался. Но если надо, то пошлите кого-нибудь из 4-го управления — они отвечают за президента. Например, В. Гасилина, он член-корреспондент, главный терапевт». Н. Ваганов поблагодарил, и на этом наш разговор закончился.

Я уже и забыл о нем, когда позвонил взволнованный; мой бывший первый замминистра, а в то время министр здравоохранения СССР И. Денисов: «Евгений Иванович, вам что-то надо предпринимать. В. Калинин написал гнусное обращение к медицинским работникам с обвинениями в ваш адрес. Он утверждает, что вы категорически отказались от поездки в Крым для консультации Горбачева».

Я попросил «Медицинскую газету», в которой было опубликовано это обращение, и, прочитав, не почувствовал даже отвращения, меня охватило чувство стыда и жалости к министру здравоохранения РСФСР В. Калинину, тоже моему выдвиженцу, которого я защищал и в ЦК КПСС, и в Верховном Совете из-за писем о его поведении в Самаре, откуда мы его пригласили. Я даже представить себе не мог, что кто-то будет обливать грязью другого человека, так много сделавшего для него. Однако последняя фраза обращения меня рассмешила: «Предлагаю обсудить с медицинской общественностью данное заявление, выразить свое отношение к происшедшему и дать профессиональную оценку действиям так называемых академиков». Ну как может такое ничтожество, подумал я, судить об академиках? Наверное, члены пяти иностранных академий, которые избирали меня почетным членом, лучше, чем Калинин, разбираются, достоин я быть академиком или нет.

Потом, когда изменились и сама ситуация, и отношение к истории 1991—1992 годов, когда медицинская общественность восприняла обращение Калинина как пасквиль, его создатели стали открещиваться от авторства, приписывая его мелким чиновникам из министерства вроде заведующей отделом Макаровой. Но, зная существовавшую в те времена систему, можно лишь с улыбкой воспринимать такую версию. Подобные письма без подачи или согласования с вышестоящим начальством не пишутся.

Нельзя забывать, что это обращение было написано в послепутчевые августовские дни — дни «охоты на ведьм», дни, когда один за одним кончали жизнь самоубийством партийные и военные деятели. (Перед моими глазами стояла подобная нелепая смерть моего близкого знакомого, честнейшего человека, главного врача известной всем «Барвихи».) Кто-то попытался и меня то ли напугать, то ли предупредить. Дело в том, что в издательстве «Новости» готовилась к выходу моя книга «Здоровье и власть», и никто не знал, о чем в ней идет речь. Я благодарен Калинину за одно — его обращение сыграло роль «лакмусовой бумажки» в оценке настоящих друзей, товарищей и попутчиков. Оно сыграло и роль бумеранга, ибо слишком хорошо я был известен широкой медицинской общественности, и она выступила в мою защиту. Письма, авторы которых выражали возмущение поведением Калинина, появились даже на страницах «Медицинской газеты». И в то же время, когда мои ученики обратились к нескольким ведущим ученым, хирургам с просьбой о поддержке, некоторые, в том числе и те, кого в прошлом я спасал от больших неприятностей, вплоть до освобождения с высоких должностей, под разными предлогами, выражая солидарность, ушли от открытого осуждения заявления Калинина. Я их не осуждаю независимо от того, что это было: проявление страха или осторожности. Жизнь есть жизнь.

Я помню, как однажды, когда А. Лукьянов находился в тюрьме, ко мне пришла его жена. Она попросила подписать письмо с просьбой об освобождении Анатолия Ивановича в обмен на подписку о невыезде. Откровенно говоря, у меня промелькнула мысль уйти в сторону, как это сделали, по ее словам, некоторые боявшиеся обвинений в сочувствии к членам ГКЧП. Но я вспомнил августовскую ситуацию, вспомнил, что я врач, который прежде всего должен исходить из принципов гуманизма. Я понимал, что власть предержащим это может не понравиться, что меня могут обвинить черт знает в чем. Но моя совесть была чиста, когда я подписывал это обращение. Я был счастлив, что мог сохранить свою честность и принципиальность. А сделать это бывает иногда ох как нелегко!..

***

При возвращении из Фороса М. Горбачев пытался казаться героем, который не пошел на поводу у изменников, но для меня было ясно, что в борьбе за власть побеждает Б. Ельцин. Путч развязал ему руки. А что было бы, не будь путча? Никто из политологов или иностранных обозревателей не сомневается, что у Б. Ельцина и до этого события был сценарий прихода к власти — просто борьба затянулась бы. Д. Кьеза ссылается на заявления Попова и Бурбулиса: «...осенью наступил бы наш черед... Мы сами дали бы бой». После путча настали новые времена — совсем по Н.А. Некрасову: «Бывали хуже времена, но не было подлее».

Предавали идеи, товарищей, друзей. Каждый жил своей жизнью, стремясь лишь получше устроиться в новых условиях и в новой системе. Взамен всех идеалов и устремлений над обществом засиял один манящий символ новой жизни — доллар, рубль, ради которых утверждена новая мораль.

Не хочется вспоминать тяжелые годы начала 90-х, либерализацию цен, ваучеризацию, криминальную приватизацию и другие решения Б. Ельцина и его окружения, которые привели к развалу экономики, обнищанию большинства населения России, упадку науки, образования и близкого мне здравоохранения. Так устроена наша жизнь, что каждый видит, ощущает ее сквозь призму собственных восприятий. Для меня это годы, когда 130 перспективных ученых руководимого мною центра покинули Россию для работы в университетах и клиниках США, Германии, Франции. Это годы, когда не хватало средств на лекарства, питание больных, проведение операций, годы, когда зарплата ученого, не говоря уж медицинской сестры, была ниже прожиточного уровня.

Я понимаю под деградацией не только потерю моральных устоев, учитывая охватившую страну волну наркомании, алкоголизма, преступности, проституции, но и обычное вымирание населения, о чем ни пресса, ни руководители страны того периода предпочитали не говорить.

Еще в первые годы перестройки мы создали в Кардиологическом центре лабораторию, которая отслеживала динамику демографических показателей. В 1991—1995 годах мало кого интересовали эти показатели, но сводки регулярно ложились ко мне на стол. Когда я с ними знакомился, мне становилось страшно за будущее моего народа.

Приведу официальные цифры убыли населения России с года объявления Б. Ельциным реформ. Так, в 1992 году естественная убыль (разница в числе родившихся и умерших) составила 219,8 тыс. человек, в 1993 — 750,3 тыс., в 1994 — 893,2 тыс., в 1995 — 840,0 тыс., в 1996 — 777,6 тыс.

Таким образом, без войн, без чрезвычайных событий страна по сравнению с 1991 годом недосчиталась 3 миллионов 480 тыс. человек.

В 1993 году законодательная и исполнительная власть проводили так называемые «круглые столы» ученых, общественных деятелей, депутатов совместно с представителями правящих кругов. Время было сложное, тяжелое, страна бурлила, и проведением этих заседаний пытались показать, что идет поиск выхода из создавшегося положения. Не знаю, кто решил пригласить меня на эти заседания, но на первом же из них при обсуждении последствий реформ я привел цифры потерь населения нашей страны. Лучшей характеристикой тех, кто создавал и проводил реформы, был комментарий этих данных тогдашним министром финансов: «Естественно, — сказал он, — будут определенные издержки при проведении реформ». Меня, как и многих, сразили эти слова: человеческая жизнь была всего лишь «издержкой» тех решений, которые принимали Ельцин и его окружение. Да и чего было ожидать от той экономической политики, которую сами авторы назвали «шоковой». А мы, врачи, очень хорошо знаем, что такое шок — от него погибает большинство больных с этим осложнением.

Почему-то часто употребляют выражение «реформы Гайдара», но забывают, что их благословил и официально предложил Ельцин. Не надо сваливать все на Е. Гайдара, который с позиций своих узко теоретических знаний просто не мог создать такой план трансформации экономики, который привел бы такую страну, как Россия, к процветанию за один-два года. Все забыли уже заявления Б. Ельцина в ноябре 1991 года о «кисельных берегах», которые ждут русский народ в связи с предлагаемыми реформами: «Хуже будет всем примерно полгода, затем — снижение цен, наполнение потребительского рынка товарами, а к осени 1992 года — стабилизация экономики, постепенное улучшение жизни людей». Интересно, вспоминают ли сейчас эти слова Б. Ельцина авторы реформ? Как прав был Б. Шоу: «Вообще говоря, не власть портит людей, зато дураки, когда они у власти, портят власть».

* * *

Осенью 1992 года одна из самых популярных японских газет «Иомиури» проводила встречу лауреатов Нобелевской премии. На этом форуме, куда меня пригласили, я встретился с известным американским экономистом В. Леонтьевым. Замечательный ученый и прекрасный человек, русский по происхождению, он тяжело переживал за будущее России.

За те проведенные вместе дни мы много говорили о ситуации, которая складывалась в нашей стране. Иначе как безграмотными он не называл экономические решения, которые тогда принимались. Как можно исключить государство из регуляции создаваемого рынка? Как можно ликвидировать монополию на водку, которая существовала в России во все времена и давала значительный доход в государственную казну? Какая либерализация цен может проводиться в условиях монополии производителей? И многие-многие подобные вопросы он ставил для себя и меня и не находил ответа. Его экономический и социальный прогноз, который он дал тогда, полностью подтвердился.

В 1994 году В. Леонтьев был в числе тех пяти лауреатов Нобелевской премии по экономике, которые, подвергнув острой критике избранный Ельциным и его окружением путь реформ, предложили свое видение выхода России из кризиса, но их проект не только не был рассмотрен, но даже не обсуждался в широкой свободной, демократической печати.

В этой связи меня удивляло и возмущало, когда многие общественные деятели, телевизионные обозреватели и комментаторы, чтобы как-то защитить политику Б. Ельцина и не зная, как объяснить обнищание народа, экономический кризис, безработицу, не находили ничего лучшего, чем заявить: «Да, все это правильно, но зато у нас есть свобода. Вы можете открыто говорить обо всем».

Давайте вспомним слова великого американского президента Авраама Линкольна: «Овца и волк по-разному понимают слово «свобода», в этом сущность разногласий, господствующих в человеческом обществе». Естественно, что голодный шахтер и богатый современный телевизионный комментатор по-разному воспринимают существующую «свободу». Важно не только, чтобы можно было говорить о бедствиях народа, нужно, чтобы этих бед не было. Да и существует ли истинная свобода, когда газеты и телевидение куплены на корню и защищают интересы тех финансовых кругов, которые составляют десятипроцентную группу богатых людей? «Самая жестокая тирания та, которая выступает под сенью закона и под флагом справедливости» (Ш. Монтескье).

Большинство во власти забыли, а может быть, к сожалению, не знали прекрасных строк из популярной в 1990 году книги: «А пока этого нет, пока мы живем так бедно и убого, я не могу есть осетрину и заедать ее черной икрой, не могу мчаться на машине, минуя светофоры и шарахающиеся автомобили, не могу глотать импортные суперлекарства, зная, что у соседки нет аспирина для ребенка».

Эти строки принадлежали народному кумиру конца 80-х годов Борису Николаевичу Ельцину. Вспоминал ли позже Борис Николаевич эти слова, или его книга «Исповедь на заданную тему» была лишь профанацией популистского толка, которую можно было использовать для борьбы за власть?

Я вспоминал эти строки, ожидая под бдительным оком ГАИ проезда по Рублевскому шоссе не только самого Ельцина, но даже его жены Наины Иосифовны. По-моему, даже «великая» Раиса Максимовна Горбачева не позволяла себе этого. Ну а об осетрине и черной икре на столе семейства Ельциных говорить не стоит. Что же до суперлекарств, то 4-е управление, с которым так рьяно боролся Борис Николаевич и которое уничтожал Михаил Сергеевич Горбачев, процветает в условиях демократии так же, как и при социализме, правда, под другим названием — Медицинский центр при Президенте России.

***

Меня «царь Борис» не жаловал. Доказательств было предостаточно. В 1994 году Академия медицинских наук отмечала свой 50-летний юбилей. Как заведено, к правительственным наградам представляются наиболее заслуженные лица из состава организации-юбиляра. Естественно, при всем своем отношении ко мне президиум академии не мог не представить к награждению одного из старейших по стажу академиков, да еще известного во всем мире. Я не думал об этом представлении, меня уже давно не волновали ни награды, ни звания. 29 октября утром я получил очень теплую телеграмму от моих югославских коллег и друзей, в которой они сообщали об избрании меня почетным членом Сербской академии наук. Конечно, мне было приятно узнать о признании моего вклада в науку со стороны еще одной иностранной академии.

Вечером на приеме по случаю 70-летия академика Ю. М. Лопухина меня отвел в сторонку президент медицинской академии В. И. Покровский и, смущаясь, сказал: «Ты уж извини, мы тебя представляли к награде, но Борис Николаевич из списков награжденных тебя вычеркнул». Находясь еще под впечатлением утренней телеграммы, я, к удивлению Валентина Ивановича, улыбнулся и ответил: «Ну что же, президенту страны виднее заслуги каждого из нас». Мне действительно было безразлично в тяжелом 1994 году, получу я награду от президента Б. Ельцина или нет.

Другое подтверждение пришло немногим больше чем через полгода, когда у Ельцина развился первый инфаркт миокарда. Я хорошо запомнил тот жаркий летний день 10 июля 1995 года, потому что вся наша бывшая министерская команда встретилась на дне рождения моего бывшего заместителя В. Громыко под Москвой в Протасове, в поселке объединения «Микрохирургия глаза». Встреча была непринужденной; все, включая и хозяев, С. Федорова, В. Громыко, были раскованны, вспоминали прошлое, обсуждали будущее. В хорошем настроении, что редко бывало в тот период, довольно поздно мы вернулись домой.

Я уже давно отвык от ночных вызовов и не сразу среагировал на упорные звонки телефона. Не сразу сообразил, кто говорит, хотя голос был знакомый. Звонила Таня Павлова, как она всегда себя величала, хотя ей и было уже за сорок, — диспетчер спецотдела теперь Президентского медицинского центра (в прошлом — 4-го управления). Она взволнованно сказала: «Евгений Иванович, я срочно выслала вам машину. В тяжелом состоянии поступил пациент Григорьева, и вас срочно просят приехать». Я понял, что речь идет о Ельцине, потому что со времен, когда я еще был начальником Управления, диспетчера не называли фамилий пациентов, а в разговоре ссылались на фамилию лечащего врача. А. Григорьев был врачом Ельцина.

На всякий случай еще раз переспросил: «Таня, ты не ошибаешься?». — «Да нет же, Евгений Иванович, мне сказали, чтобы я вас срочно нашла». Не успел я собраться, как раздался новый звонок. Опять говорила Павлова: «Евгений Иванович, вы извините, но меня попросили передать, что необходимость в вашей консультации отпала». — «Ну вот видишь, Таня, что я тебе говорил, ты поспешила со звонком».

Утром не успел я приехать на работу, как раздался звонок, и я услышал голос академика А. Воробьева: «Евгений Иванович, мы бы хотели подъехать к вам, посоветоваться». Через 30 минут ночной консилиум во главе с академиком А. Воробьевым, а также моими старыми знакомыми Е. Гогиным, И. Мартыновым, доктором А. Григорьевым обсуждали в моем кабинете вопрос о лечении тяжелейшего инфаркта, который возник у Ельцина в ночь с 10 на 11 июля 1995 года.

Они попросили меня помочь разобраться в возникшей ситуации. Зная отношение ко мне Б. Ельцина и его окружения, особенно Коржакова, я был удивлен их смелости и спросил, знает ли начальник охраны, что они поехали ко мне. Из ответа я понял, что Коржаков настолько напуган случившимся, что согласен на консультацию любого профессора, лишь бы это был хороший специалист.

После ознакомления со всеми материалами у меня не было сомнений в том, что у Б. Ельцина развился тяжелейший инфаркт миокарда в связи с атеросклерозом коронарных сосудов на фоне измененной в связи с употреблением алкоголя сердечной мышцы. Именно из-за поражения сердечной мышцы инфаркт, даже небольшой, протекает обычно с такой тяжелейшей реакцией в виде острой сердечной недостаточности, которая наблюдалась у Б. Ельцина. Мы обсудили возможную терапию, степень активности и возможный прогноз. Я был настроен скептически и высказал врачам свое мнение о том, что если Ельцин не ограничит свой режим определенными рамками, то, безусловно, у него возникнет повторный инфаркт миокарда. Рекомендовал в этом случае использовать тромболитические средства. Этот метод лечения инфаркта миокарда был предложен мной еще в 1961 году, и, хотя с тех пор во всем мире был накоплен колоссальный материал, подтвердивший высокую эффективность тромболитической терапии, она еще не всегда использовалась в наших больницах и клиниках, в том числе и в Медицинском центре Президента.

***

Зная характер Б. Ельцина, его отношение к рекомендациям врачей в прошлом, я не сомневался, что и сейчас он к ним не прислушивается и вскоре опять окажется на больничной койке. Так и случилось. Он решил показать, что все слухи о состоянии его здоровья безосновательны, и начал вести прежний образ жизни. Он поехал в Сочи, играл в злополучный теннис, выпивал.

Конечно, все закончилось печально. Я оказался прав, и вновь в сентябре, буквально через несколько месяцев, в моем кабинете опять появились лечащие врачи Бориса Николаевича с материалами, указывающими на возникновение повторного инфаркта миокарда. Спасло то, что в этот раз были применены тромболитические средства. И хотя мои консультации носили неофициальный характер, я, понимая угрозу, которая нависла над Ельциным, попросил занести в историю болезни мое мнение и о прогрессирующем характере болезни, и о режиме жизни и работы Ельцина, и о необходимости переходить к радикальному решению вопроса о лечении, а с этой целью провести коронарографию (контрастное исследование сосудов сердца).

Я почувствовал по поведению, реакции моих коллег, их замечаниям, в частности, в отношении проведения коронарографии, что вокруг здоровья их пациента в его окружении начинает разворачиваться если не баталия, то по крайней мере острая дискуссия.

В своей жизни я повидал немало таких баталий с обвинениями в адрес медицины и лечащих врачей. Так было при Брежневе, Андропове, Черненко, но я всегда спокойно к ним относился, понимая реакцию тех кругов, благополучие которых зависело от положения их шефа. Может быть, кто-то из руководителей и хотел бы уйти на заслуженный отдых, стать почетным, а не активным лидером страны, но их окружение в один голос призывало своего патрона оставаться на посту, а придумать, ради чего, не составляло труда: раньше — ради спокойствия и стабильности Советского Союза, потом — ради спасения России и демократии.

Правда, в случае с Б. Ельциным сделать это было легко, потому что он и сам был уверен, что должен оставаться на посту президента. Меня поразила одна ситуация после проведения ему операции на сердце. Ту ночь я провел в основном вместе с врачами в реанимационном зале, где находился Борис Николаевич. Примерно около 5 часов утра он вышел из наркоза и первое, что попросил, — пригласить начальника своей охраны Кузнецова. Когда взволнованный Анатолий Леонидович прибежал и спросил, в чем дело, Ельцин сказал: «Неси указ на подпись о том, что я возвращаю себе права, которые передавал Черномырдину». По-моему, это лучший штрих, характеризующий Ельцина. Власть — вот что он ценил наравне с жизнью, а может быть, и больше...

Мой опыт подсказывал, что у Б. Ельцина нарастает зависимость от алкоголя и седативных средств. Было видно, что он перенес динамическое нарушение мозгового кровообращения, однако без выраженных очаговых изменений со стороны мозга. Было ясно, что ему перед ответственными встречами и заседаниями проводится плазмаферез (очистка крови).

Но, откровенно говоря, в заботах о спасении и поддержании на хорошем уровне Кардиологического центра мне было не до состояния здоровья Ельцина. Зная суть болезни, привыкание к алкоголю и седативным средствам, я был счастлив, что не мне приходится разделять тяжелейшую и опаснейшую ношу его лечащих врачей и профессоров, тем более под контролем такого человека, как Коржаков.

А ситуация на протяжении 1995—1996 годов была действительно сложнейшая. Врачи пытались делать все, что могли, для спасения Ельцина. Но перебороть его властные амбиции, из-за которых не соблюдались элементарные рекомендации по режиму, его привычку к алкоголю и обезболивающим препаратам (баралгин, промедол и т.п.) им не удавалось. А именно это усугубляло болезнь. Я четко представлял, что при той жизни, которую ведет Б. Ельцин, неминуем третий инфаркт миокарда. Знал я и то, что с каждым новым инфарктом увеличивается опасность внезапной смерти.

…Декабрьским вечером 1995 года, не успел я приехать домой в Барвиху, как раздался звонок. Я услышал взволнованный голос А. Воробьева: «Мы здесь недалеко от тебя и хотели бы заехать посоветоваться, у нас есть проблемы». Я понял, что опять что-то произошло с Б. Ельциным. На этот раз вместе с лечащими врачами приехал и профессор С. Миронов, недавно назначенный директором Медицинского центра, осуществлявшего лечение Б. Ельцина. Все выглядели озабоченными и несколько растерянными. Оказалось, что у Ельцина, отметавшего напрочь рекомендации врачей, в том числе и касающиеся употребления алкоголя, вновь развился тяжелый инфаркт с падением артериального давления, явлениями сердечной недостаточности. Не на шутку испуганное окружение и семья начали, как всегда бывает в таких ситуациях, обвинять лечащих врачей в бездеятельности, некомпетентности.

Визит С. Миронова в составе лечащих врачей, как мне кажется, носил не только медицинский, но в определенной степени и организационный, политический характер. Он хотел узнать мнение человека со стороны о состоянии Б. Ельцина, о правильности проводимого лечения и услышать мои рекомендации. Он прямо сказал о том, что многие из окружения Ельцина, и в первую очередь В. Илюшин, удивляются, что не используются современные методы диагностики и лечения, в частности коронарография. Я повторил свое мнение и о характере поражения сердца и его сосудов — что наряду с изменениями, связанными со злоупотреблением алкоголем, вероятнее всего, развились атеросклеротические бляшки — и о необходимости в связи с этим провести коронарографию для решения вопроса о возможном оперативном лечении или ангиопластике (расширении сосудов сердца с помощью раздуваемого баллончика).

Соглашаясь со мной, все в один голос заявляли, что предлагали Б. Ельцину подобную схему лечения, но он от нее категорически отказался. Я не стал высказывать свое мнение о причинах такого отказа, но их заявления утвердили меня в правильности предположения о желании Ельцина продолжить свое царствование на Олимпе власти. Не понимаю, как может сладость власти затмить горечь болезней и страданий! История ничему не учит, более того, она повторяется, как в случае с Б. Ельциным. Он с трудом вышел из тяжелейшего состояния и в конце концов приступил, как выразился один из депутатов Думы, к «дачной работе».

* * *

Конечно, проблемы здоровья Президента России стали широко обсуждаться в средствах массовой информации, Государственной Думе, политических и финансовых кругах. Я не завидовал профессору А. Воробьеву, когда на пресс-конференциях, в интервью он пытался представить в лучшем свете здоровье Б. Ельцина, оказываясь в неловком положении, замалчивая или слишком вольно интерпретируя факты. Говорю это не в осуждение, ибо не знаю, как повели бы себя другие коллеги в подобной ситуации, когда со всех сторон — со стороны пациента, его семьи и окружения, со стороны всемогущей охраны, от Коржакова — шли требования представить медицинские данные так, чтобы убедить всех в сохранности президента страны.

Слава богу, мне не пришлось попадать в такие истории и обманывать народ, учитывая, что в период моей работы в 4-м управлении существовала закрытость для широких кругов и средств массовой информации данных о состоянии здоровья лидеров страны. Лишь однажды, и то за рубежом, в Египте, у меня возникла такая ситуация. Мне пришлось участвовать в лечении президента Г. Насера, у которого возник инфаркт миокарда. Время было сложное, тревожное, после разгрома египетской армии Израилем, когда Насер с помощью Советского Союза восстанавливал обороноспособность и мощь вооруженных сил. Израильская разведка «Моссад» наводнила своими агентами Каир так, что даже я чувствовал на себе ее «дыхание». Естественно, здоровье Насера, его работоспособность интересовали ее в первую очередь.

Насер, его ближайшие соратники А. Садат, А. Сабри понимали, что в сложившейся обстановке они должны сохранить в тайне болезнь президента Египта, чтобы не вызвать обострения политической ситуации. Они обратились ко мне с просьбой помочь в формировании информационной легенды, объяснявшей отсутствие Г. Насера на политической арене в течение двух-трех недель (это диктовалось необходимостью соблюдения строгого постельного режима). По моему предложению была разработана версия о гриппозном заболевании, которое действительно было распространено в тот период на Ближнем Востоке.

Предварительно через спецслужбы Египта прошла «утечка» информации с обоснованием диагноза «грипп». Как ни странно, именно такое объяснение отсутствия Насера было принято и в Египте, и за его пределами. Сам я ни тогда, ни позже, по возвращении в Советский Союз, не участвовал в озвучивании искаженной трактовки болезни — достаточно подробно эту ситуацию описал журналист и близкий друг Насера М. Хейкал в книге воспоминаний «Путь к победе».

Моя версия стала очень популярной, к ней много раз прибегали лечащие врачи Б. Ельцина, объясняя гриппом или простудными заболеваниями его отсутствие в Кремле после злоупотребления алкоголем или при обострении ишемической болезни сердца в дооперационном периоде.

Жизнь продолжалась, политическая борьба в преддверии выборов президента страны накалялась, но ни один из противников Б. Ельцина в своих целях не использовал, как ни странно, проблему его здоровья. Визиты ко мне лечащих врачей Б. Ельцина прекратились. Возможно, Коржаков или кто-то другой из окружения президента опасались, что таким путем может открыться истинное состояние здоровья Б. Ельцина. Но повторяю, что я всегда считал необходимым, хотя, может, это и неправильно с гражданских позиций, если говорить о лидерах страны, соблюдать врачебную тайну в период их активной деятельности.

Так было и в случае с Ельциным. Я нигде и никогда не афишировал его тяжелого заболевания и тем более не сообщал о нем ни политическим партиям, ни средствам массовой информации. А попытки выведать это, прямые или закамуфлированные, предпринимались не раз. У меня была только одна мысль, когда я видел многочисленные поездки Ельцина по городам России или его пляски на сцене перед избирателями: выдержит ли он эту тяжелейшую нагрузку? Зная, как тяжело дается больному Ельцину избирательная кампания, я, несмотря на всю свою антипатию к нему, искренне жалел его.

Переполняло возмущение теми, кто убедил падкого на власть Бориса Николаевича включиться в изнурительную избирательную гонку. Естественно, все они думали не о его жизни и здоровье, а о своих интересах. Окружение боялось потерять свои привилегии, финансовые круги — свои дивиденды, американцы — удобного для них президента России и т.д. Эту сторону избирательной кампании очень хорошо и подробно описал Д. Кьюза в книге «Прощай, Россия!». Да и во многих других публикациях эта тема достаточно подробно исследована, поэтому я не буду ее касаться.

* * *

Предложенный Б. Ельцину темп не мог не вызвать тяжелых осложнений. В последующем я узнал, что в ночь с 25 на 26 июня, в перерыве между первым и вторым туром голосования, у него вновь развился тяжелейший инфаркт миокарда с острой сердечной недостаточностью. Как он выжил — трудно объяснить. Видимо, в первую очередь природные силы, судьба или Бог, а во вторую — достижения медицины сохранили ему жизнь. Какая же сила воли у этого человека, каково стремление к власти: со свежим инфарктом миокарда, остаточными явлениями сердечной недостаточности, отбросив просьбы близких и предупреждения врачей, поехать на избирательный участок, чтобы показать избирателям да и всему миру, что слухи о его болезни — вздор, что он на ногах и может продолжать свое дело! Издерганный и безразличный ко всему, обманутый средствами массовой информации народ России вновь избрал тяжелобольного президента страны.

Я и не предполагал, что судьба опять втянет меня в тяжелые медицинские и политические коллизии, связанные со здоровьем Б. Ельцина. Всего через несколько дней после инаугурации президента России, в августе 1996 года, ко мне в кабинет вошли мой заместитель, тогда член-корреспондент Медицинской академии Ю. Н. Беленков, и руководитель хирургического отдела профессор Р. С. Акчурин. Они только что вернулись с консилиума, который состоялся в санатории «Барвиха» у Б. Ельцина. Понимая тяжесть своего состояния и достигнув желаемой власти на второй срок, он наконец-то дал согласие на проведение коронарографии.

Я не раз и перед этим исследованием, и в связи с операцией задавался вопросом: почему Б. Ельцин выбрал кардиоцентр, который был создан и которым руководил не совсем ему приятный Е. Чазов, ведь он прекрасно сознавал, что все в этом учреждении определяется и контролируется директором? Думается, он верил в мою врачебную честность, и, конечно, свою роль сыграл высокий профессионализм сотрудников центра, известного во всем мире. Решая проблемы своего лечения, Ельцин знал, что в кардиоцентре были успешно оперированы близкие ему люди — В. Черномырдин, О. Лобов, начальник его канцелярии В. Семенченко.

…16 августа 1996 года было, на первый взгляд, обычным летним днем, каких немало выпадало каждому из нас. И в то же время это был необычный день, потому что решались судьба Президента России и, естественно, будущее страны. И хотя нас с Борисом Николаевичем разделяли девять лет непонимания и определенной враждебности, мы довольно дружелюбно встретились у входа в кардиоцентр. Для меня уже не было Президента России — был тяжелобольной человек, которому мы должны помочь. На время забыты обиды, угрозы со стороны окружения Ельцина, в голове лишь одна сакраментальная мысль: что делать?

Рассказывая о проведении коронарографии, журнал «Итоги» со ссылкой на кого-то из подкупленных сотрудников центра, следивших за ходом процедуры, чтобы передать атмосферу напряжения, царившую в ходе исследования, написал, что, когда оно закончилось, «Чазов перекрестился». Не помню. Может, так и было. Но если и крестился, то в связи не с окончанием коронарографии, а с той картиной состояния сердца и его сосудов, какую мы увидели на экране ангиографического аппарата. В этот крест можно было вложить лишь одно: «Господи! Пронеси!» Суть этого призыва к Богу заключалась в том, что, помимо значительных изменений в сосудах сердца, сама сердечная мышца, поврежденная перенесенными инфарктами, алкоголем, нарушениями режима, сокращалась плохо.

Не хочу перегружать читателя медицинскими терминами, скажу просто, что возможность сердечной мышцы выбрасывать кровь в аорту была гораздо ниже допустимого уровня и приблизительно в три раза меньше, чем у здорового человека. Кровь задерживалась в легких, что было видно по резкому увеличению давления в легочных сосудах. Проводившие исследование профессора А. Самко и А. Савченко сказали, что среди сотен ангиограмм таких показателей они не встречали. Цифровые данные компьютера были настолько угрожающие, что мы попросили перепроверить их, но они остались прежними.

* * *

Представляя всю и медицинскую, и политическую сложность вопроса о проведении операции, я настоял на том, чтобы данные коронарографии были обсуждены в стенах кардиоцентра на расширенном консилиуме, на который предложил пригласить, помимо группы профессоров, обеспечивавших лечение Ельцина (А. Воробьев, Е. Гогин, И. Мартынов), сотрудников центра (Р. Акчурин, Ю. Беленков, А. Савченко) и наших известных хирургов — академиков В. Савельева и В. Федорова. Опыт прошлого подсказывал, что вокруг этой проблемы развернется если не борьба мнений, то жесткая дискуссия. Прежде всего меня удивило, когда представитель лечащих врачей Воробьев перед приездом Ельцина попросил, чтобы я не вмешивался в ход коронарографии и не участвовал в обсуждении с пациентом вопроса об операции, причем мотивировалось это нашими отношениями с Борисом Николаевичем. Я даже не стал обсуждать этот вопрос, заявив, что как директор центра отвечаю за все, что здесь происходит, в том числе за диагноз и лечение, которые будут обсуждаться. Все решилось само собой, когда шутивший президент, его жена и я, беседуя, вошли в палату, где нас ожидал медицинский персонал.

Как я и предполагал, после исследования, во время консилиума разгорелась дискуссия. То, что Б. Ельцин нуждается в аортокоронарном шунтировании, ни у кого не вызывало сомнений, вопрос заключался в том, когда его проводить. Прошло всего полтора месяца после тяжелого инфаркта миокарда, сердце было на пределе своих возможностей, показатели кровообращения — угрожающие. С учетом состояния сердечной мышцы в любой момент можно было ожидать остановки сердца. При показателе фракции выброса крови из сердца 22% и давлении в сосудах легких 58 мм рт.ст., которые регистрировались у Б. Ельцина, подавляющее большинство американских и западноевропейских хирургов с большой осторожностью и только после достаточной подготовки берутся за проведение аортокоронарного шунтирования.

Для меня и для всех представлявших Кардиологический центр (Акчурин, Беленков) было ясно, что риск операции при таких условиях колоссальный. Кое-кто из группы, осуществлявшей лечение Ельцина, пытался приуменьшить существующую опасность. Обычно сдержанный, я довольно резко выразился в отношении поспешности в осуществлении операции, прекрасно сознавая, что всю ответственность лечащие врачи перекладывают со своих плеч на наши. И Савельев, и Федоров поддержали нашу позицию.

Представляя, какой ажиотаж развернется вокруг нашего решения, какие противоречивые мнения появятся и чего только не будут говорить о нас, я предложил пригласить для консультации М. Де-Бейки, одного из создателей метода аортокоронарного шунтирования. К тому же не требовалось специального приглашения, поскольку в скором времени он должен был приехать в Москву на конференцию сердечно-сосудистых хирургов.

Мы подружились с М. Де-Бейки в 1973 году, в период подготовки к операции по поводу аневризмы аорты академику М. Келдышу. Не раз я бывал в его гостеприимном доме в Хьюстоне, не раз и он приезжал ко мне домой в «Барвиху», где мы даже отмечали его день рождения. Меня подкупала не только его блестящая техника хирурга, но и то, что он исповедовал те же врачебные каноны, которые были близки нам, — скрупулезный анализ болезни, четкость в определении наиболее рациональной терапии, разумная осторожность, сочетающаяся с оправданной смелостью. Привлекали также высокая человечность, дружелюбие, скромность великого мастера.

Рассказывая жене Б. Ельцина Наине Иосифовне и дочери Татьяне о результатах консилиума (абсолютные показания к операции, необходимость подготовки к ее проведению, тяжесть состояния Бориса Николаевича) и понимая, какой общественный и журналистский бум возникнет после объявления о принятом решении, я порекомендовал им пригласить для консультации М. Де-Бейки.

Сам Ельцин спокойно воспринял заявление консилиума о необходимости оперативного лечения. Мне кажется, он был готов к такому решению. Как всегда, на первый взгляд, спонтанно, но на самом деле очень продуманно, он объявил по телевидению о своем решении оперироваться в Кардиологическом центре.

* * *

Как и рассчитывал Ельцин, его заявление произвело колоссальное впечатление. Не меньшим был и «шумовой» эффект. Кардиологический центр осаждали наши и иностранные корреспонденты. Телевизионные камеры, которые мы не допустили в само здание, окружили его частоколом. Не смолкали звонки телефонов, ежедневно поступали десятки факсов с просьбой об интервью. Я категорически отказался от каких-либо комментариев, поскольку положение со здоровьем Ельцина было тяжелым, а факты я не мог искажать (иначе повторилась бы ситуация из известной песенки Л. Утесова «Все хорошо, прекрасная маркиза»). Основное «нападение» журналисты совершили на Р. Акчурина, который достойно и с тактом пронес тяжелую ношу общения с прессой и телевидением. А ситуация действительно была непростой, в определенной степени даже критической.

Намеченная консилиумом подготовка к операции проводилась в санатории «Барвиха», формально — без моего участия: кто-то явно не хотел, чтобы я был в курсе складывающейся обстановки и активно вмешивался в процесс лечения. Это было по меньшей мере наивно, учитывая, что три сотрудника центра вели подготовку к операции; естественно, они обсуждали со мной возникающие вопросы, советовались по тем или иным методам лечения.

Все оказалось серьезнее, чем мы предполагали. На первом же консилиуме руководитель нашей анестезиологической службы профессор М. Лепилин обратил внимание лечащих врачей на выраженную анемию у Б. Ельцина. Вслед за этим были обнаружены изменения в иммунном статусе. Ситуация осложнялась тем, что под напором Ельцина прикрепленный к нему врач-анестезиолог вынужден был вводить ему в больших дозах либо баралгин, либо промедол, которые могли влиять на ход подготовки к операции. Мне было искренне жаль этого врача. Я хорошо помнил его по работе в 4-м управлении и поддерживал его выдвижение; прекрасный специалист, он пользовался уважением в коллективе больницы на улице Грановского. К сожалению, попав в окружение Б. Ельцина, он не смог устоять в царившей там обстановке (которую весьма красочно описал в своих воспоминаниях Коржаков). Впоследствии, где-то через год после операции, от этого человека, больного и опустошенного, освободились, как от ненужного балласта.

В конце сентября в Москву приехал М. Де-Бейки. В неформальной обстановке я познакомил его, ничего не утаивая, с историей болезни Б. Ельцина, рассказал о его состоянии и нашем решении предварительно провести 2 — 3-месячную соответствующую подготовку. Он без колебаний поддержал нашу позицию и высказал ее во время встречи лечащим врачам и самому Ельцину. Мы понимали, что с точки зрения медицинских рекомендаций М. Де-Бейки вряд ли внесет что-нибудь новое в программу подготовки — нам нужны были его психологическая поддержка и подтверждение рациональности и обоснованности избранной нами тактики лечения. Так и произошло: утвердился в правильности своего решения Б. Ельцин, успокоилась семья, пресса и телевидение переключились на М. Де-Бейки, оставив нас наконец в покое.

А время шло. Приближались намеченные сроки операции. Как мы и ожидали, постепенно начали улучшаться показатели деятельности сердца Б. Ельцина. Появился энтузиазм, когда фракция выброса крови из сердца повысилась до 30 — 35%. Это было ниже нормы, но уже значительно уменьшало риск операции. На консилиумах начались разговоры о том, что мы умышленно затягиваем проведение оперативного вмешательства. И Ю. Беленков, и Р. Акчурин, возвращаясь из «Барвихи», говорили, что постоянно ощущают своеобразный прессинг. Мне стало известно и о неких угрозах в мой адрес, поскольку я хотя и заочно, но повлиял на решение консилиума. Оперировать в условиях анемии, измененного иммунного статуса значило увеличивать риск операции. Вспоминая свою своеобразную медико-политическую практику, я прекрасно сознавал, что в конце концов мы останемся один на один с больным. Вся ответственность ляжет на нас, и никому не будет дела до того, в каком состоянии Ельцин поступил в кардиоцентр.

Более того, немало наших «друзей», сквозь зубы признававших правильность его выбора и внутренне понимавших, что единственное место, где можно оперировать президента, — это кардиоцентр, обрадовались бы печальному концу. И когда некоторые из моих близких или сотрудники говорили о возможности такого исхода, я отвечал, как персонаж одного из одесских анекдотов: «Не дождетесь». Но чтобы это было не просто фразой, приходилось бороться, отбросив джентльменские реверансы и заверения в любви.

* * *

Я вынужден был написать официальное письмо руководителю Медицинского центра, отвечавшего за здоровье Президента России. Хочу привести его полностью, поскольку в медицинском окружении Б. Ельцина появлялись обвинения в мой адрес, хотя я так и не понял, в чем — то ли в доносительстве, то ли в перестраховке. Некоторые дошли даже до того, что утверждали, будто мы делаем все, чтобы президенту не проводилось аортокоронарное шунтирование. Они не учитывали, что в сложившейся ситуации у нас оставалось лишь одно решение — провести операцию, чтобы спасти Б. Ельцина. Это было делом врачебной совести, делом нашей чести. Именно исходя из этой позиции, я и написал письмо, которое привожу без сокращений.

«Профессору С. П. Миронову

Уважаемый Сергей Павлович!

Приближается срок, намеченный консилиумом для окончательного решения вопроса о проведении операции Борису Николаевичу.

Я не имею достаточной информации о ходе предоперационной подготовки и не могу поэтому судить о состоянии пациента. Однако если лечащие врачи и пациент сохраняют свое мнение о проведении коронарного шунтирования в Кардиологическом центре, нам хотелось бы, с учетом тех процессов, которые резко ограничивали возможность проведения операции в августе — сентябре, просить лечащих врачей прежде всего провести тщательный анализ причин анемии с целью исключения возможных осложнений во время операции и в послеоперационном периоде.

Мы просили бы провести подготовительную терапию, направленную на восстановление нарушенного метаболизма, в частности курс лечения предукталом. Материалы об эффективности этого препарата были переданы нами И. В. Мартынову и Е. Е. Гогину.

Естественно, вопросы реактивности, в частности состояние иммунитета, играют решающую роль в послеоперационном периоде, учитывая значимость осложнений, связанных с инфекцией. Вот почему мы считаем, что иммунокорригирующая терапия в предоперационном периоде имеет большое значение для успеха восстановительного периода.

С учетом анамнеза и того состояния, которое мы фиксировали в августе во время консилиума, и оценивая длительность наркоза, который предстоит пациенту, мы весьма обеспокоены возможностью нарушений со стороны центральной нервной системы и просили бы невропатологов провести терапию, направленную на улучшение ее метаболизма и функции.

Мы осознаем всю сложность предстоящего решения вопроса об операции и надеемся на Ваше понимание. Мы были бы благодарны, если бы это письмо было доведено до консилиума лечащих врачей и вошло в историю болезни пациента».

Я чувствовал напряжение коллектива хирургов и анестезиологов, скрываемое за бодрыми словами, видел нетерпение Р. Акчурина, настроившегося на операцию, но, четко представляя, что каждый выигранный с положительным сальдо день обеспечивает успех не только операции, но и послеоперационного периода, стремился оттянуть дату вмешательства. Конечно, мне повезло с моими сотрудниками. И Ю. Беленков, и Р. Акчурин, и М. Лепилин понимали меня и верили мне, моему многолетнему опыту. Конечно, больше всех меня понимал М. Лепилин, которому предстояло обеспечить не только благополучие операции, но и самое трудное — «выходить больного», как говорят медики. В целом все понимали, что успех, как и во всем, зависит от команды. Нашей команде, запечатленной на фотографии, сделанной сразу после окончания операции Б. Ельцину, в России не было равной, утверждаю это без ложной скромности.

* * *

Подходил ноябрь — конец срока, намеченного для подготовки к операции. В первых числах раздался звонок из секретариата А. Чубайса, возглавлявшего в то время администрацию президента. Вежливый голос секретаря попросил меня в 9 часов вечера прибыть в Кремль на заседание. В назначенное время я подъехал к «входу с крыльцом» (так его называли мои старые знакомые, министры сталинского периода) здания правительства. От почти пустой, освещенной тусклыми люминесцентными лампами Ивановской площади веяло тревогой и грустью.

Почему-то вспомнился такой же тревожный вечер 10 марта 1985 года, когда я приблизительно в то же время приехал на заседание Политбюро, чтобы доложить о смерти К. Черненко. Одиннадцать лет разделяли эти даты, но между ними была целая эпоха, которая перевернула весь мир: распад СССР, победа американцев в холодной войне, приход к власти Б. Ельцина, экономический кризис, разруха и обнищание России.

И вот опять в тот ноябрьский вечер 1996 года у меня были такое же тревожное состояние, такая же неуверенность в будущем, как и в 1985-м. Возможно, это состояние возникало от сознания того, что вновь, в который раз судьба страны зависела от врачей, от руководимого мной коллектива.

Переступив порог, казалось бы, хорошо знакомого мне дома, я не узнал его — настолько помпезно и вычурно выглядело внутреннее убранство, включая и кабинет, в котором собралось около десятка знакомых и незнакомых мне лиц. Помимо А. Чубайса, были дочь Б. Ельцина Татьяна, заместитель А. Чубайса Е. Севастьянов, начальник управления охраны Ю. Крапивин, пресс-секретарь С. Ястржембский, вездесущий то ли журналист, то ли телевизионный делец М. Лесин.

Оказалось, это было заседание созданной указом Ельцина комиссии по проведению операции Президенту России. На моей памяти таких комиссий не создавалось ни когда оперировали Брежнева, ни когда оперировали Андропова. В составе комиссии было всего два медика — я да руководитель медицинского центра С. Миронов. Для чего создавалась эта комиссия, я не понимал тогда, не могу понять и сейчас. Что эта комиссия могла сделать, чтобы операция закончилась благополучно?

Заседание комиссии напоминало больше обсуждение в пресс-центре, учитывая, что единственный вопрос, вокруг которого разгорелась полемика, касался освещения операции прессой и телевидением. Руководитель пресс-службы Б. Ельцина, Ястржембский, напоминавший мне американских журналистов, заявил, что информационная служба настаивает на постоянном присутствии прессы в кардиоцентре во время операции и на сообщениях через каждые 40 — 60 минут о ее ходе. Меня возмутили его заявления вроде того, что «кто-то должен через каждый час выходить из операционной и информировать прессу о ходе операции». О чем они думали — о том, как ублажить прессу, как подать в лучшем свете будущее президента? И это тогда, когда мы все переживали за исход операции и нам было абсолютно безразлично, когда информация о ходе операции станет достоянием гласности.

Довольно спокойно я заявил, что обсуждать этот вопрос можно сколько угодно, но мы, а не комиссия отвечаем за жизнь Президента России, за успех операции и поэтому никто из основных действующих лиц во время ее проведения с прессой встречаться не будет. Вот почему мы считаем, что ее пребывание в стенах кардиоцентра ничего не даст, кроме суматолки и лишней нагрузки на персонал. Активно поддержал нас в этом и начальник охраны Ю. Крапивин. В итоге, несмотря на возражения и недовольство Ястржембского, сошлись на том, что все ограничится проведением после операции пресс-конференции, на которой будут изложены ее результаты.

* * *

Наступило 5 ноября 1996 года. И опять ноябрь — месяц, который много раз в моей жизни приносил трагические сюрпризы, создавал сложные ситуации в работе. Было решено, что Ельцин приедет в центр из санатория «Барвиха» рано утром прямо на операцию. Зная, как рано встает Ельцин, я остался ночевать в центре. Заснуть не мог. Слишком высоко было нервное напряжение, хотя всегда, как говорили окружающие, в такие моменты я становлюсь спокойным и собранным. Одна за одной проносились мысли: все ли мы предусмотрели, достаточной ли была подготовка, не будет ли сбоев в работе аппаратуры, выдержат ли нервы у Р. Акчурина и его команды? У меня не было ни минуты колебаний в том, что я должен быть в операционной вместе со всеми и вместе со всеми нести груз ответственности за то, что будет происходить во время операции. Некоторые промелькнувшие в прессе заявления (вроде того, что еще неизвестно, что будет в случае трагического исхода с теми, кто выйдет из операционной) еще больше утвердили меня в этом решении.

Чтобы как-то отвлечься, решил обойти хирургический блок. Полуосвещенные пустые коридоры, большой реанимационный зал, в котором одиноко стояла одна кровать вместо обычных шести, запечатанная операционная, фигуры охранников на каждом шагу, проверявших пропуск, еще больше навеяли тревогу и какое-то необъяснимое ощущение опустошенности.

Еще и еще раз я перебирал в памяти события моей жизни, подобные тому, что предстояло пережить. Сколько их было! Болезнь и смерть Брежнева, Андропова, Черненко... Это были не только трагедии отдельных личностей — это были политические потрясения с непредсказуемыми последствиями для страны и мира. А жизнь продолжалась, с ее радостями и горестями, взлетами и падениями, проблемами, которые надо было решать, встречами и расставаниями.

Постепенно исчезла тревога, поднялось настроение, и, когда в шестом часу утра мне сообщили, что Б. Ельцин выехал, я совершенно спокойно, как будто нас и не ожидало тяжелейшее испытание, пошел встречать его. И опять, как и два с половиной месяца назад, для меня уже не было Президента России, а был тяжелобольной, которого надо спасать.

Шесть часов операции пролетели как один миг. Поразительно, но, на мой взгляд, никто из большой команды участников операции не волновался. Шла обычная рутинная работа сердечных хирургов. Это был единый организм, в котором каждый знал, что он должен делать. Единственно, за что я волновался, учитывая состояние сердца Ельцина, — это как быстро оно «заведется». Дело в том, что в ходе операции на время, когда хирург работает непосредственно с коронарными сосудами, искусственно останавливают сердце и его работу выполняет аппарат искусственного кровообращения. После наложения шунтов, соединяющих аорту с коронарными сосудами ниже места поражения, необходимо вновь восстановить работу сердца. Для этого используются специальные растворы. Надо сказать, что наши хирурги пользуются растворами, созданными в кардиоцентре, и считают их лучшими. Чем меньше время остановки сердца, тем лучше протекает послеоперационный процесс и тем лучше результаты лечения. К нашему удивлению, работа сердца Б. Ельцина восстановилась самостоятельно, без использования специальных средств. Конечно, все мы облегченно вздохнули.

Операционная в кардиоцентре оборудована специальной телевизионной камерой, позволяющей транслировать весь ход операции в аудиторию. Естественно, никакой записи не велось, но свидетелей было достаточно. Они встретили аплодисментами наших хирургов, когда те появились в аудитории, и высказали Р. Акчурину свое восхищение проведенной операцией. Хотя хирургическая бригада пыталась сделать вид, что ничего сверхординарного не произошло и выполнена обычная рутинная работа, я видел, что всех переполняет радость победы.

Семья Б. Ельцина все время операции провела в кардиоцентре и не скрывала своих волнений и переживаний. И хотя у меня было свое отношение к Ельцину, встретившись с его близкими, чтобы рассказать о результатах оперативного вмешательства, я вместе с ними радовался успеху, радовался тому, что Борису Николаевичу сохранена жизнь. Но я понимал и другое: выздоровев и почувствовав себя лучше, Ельцин вернется к прежнему образу жизни, в котором алкоголь и обезболивающие препараты играют определенную роль. Я предупредил жену и дочерей о возможности такого развития ситуации и добавил, что в конце концов это может привести к печальным результатам — нарушениям со стороны центральной нервной системы, угнетению иммунитета и быстрому дряхлению. К сожалению, я оказался прав, потому что менее чем через год после операции все «вернулось на круги своя».

***

8 ноября, на четвертые сутки после операции, Б. Ельцин переехал в свои апартаменты в Центральной клинической больнице. Для меня завершился еще один эпизод в жизни, связанный с Ельциным. Конечно, как врач я был безгранично счастлив тем, что он так закончился. Что же касается его исторической значимости для России, ее народа, то тогда я бы сказал так, как мне говорили на протяжении двадцати пяти лет в подобных случаях: мы сохранили спокойствие страны и политическую стабильность. Но сегодня я лишь снисходительно улыбаюсь, хорошо понимая, кому была выгодна эта избитая фраза. Прежде так говорили члены Политбюро, позднее — люди из окружения президента, некоторые губернаторы и члены Федерального собрания, которым он был удобен.

Да, мы сохранили жизнь тяжелобольному Президенту России. Мы честно выполнили свой врачебный долг. Уверен, что если бы операция не была проведена, то следующий, шестой инфаркт миокарда, который возник бы в ближайшее время после вступления Б. Ельцина в должность при любой физической и эмоциональной нагрузке, да и просто после хорошей выпивки, был бы для него последним. Он шел на операцию с показателями деятельности сердца, находившимися на той грани, за которой следует катастрофа.

Я не строил иллюзий, как это делали некоторые мои коллеги, в отношении будущего Ельцина. Бесполезно было ему, с его характером, амбициями «царя Бориса», повторять то, о чем прекрасно сказал А. Пушкин:

Так жизнь тебе возвращена
Со всею прелестью своею;
Смотри: бесценный дар она;
Умей же пользоваться ею.

Как пользоваться — уйти с почетом, открывая дорогу другим, которые попытаются вывести страну из тупика, и оставить хоть какую-то добрую память о себе? Или продолжать цепляться за власть, растрачивая остатки здоровья и, все больше и больше деградируя, вызывать не просто неприятие, а ненависть народа? Б. Ельцин избрал второй путь, пагубный и для него, и, что самое главное, пагубный для страны и народа. И ждать иного его решения нам пришлось еще долгих три года — до 31 декабря 1999-го.

Прекрасно зная состояние его здоровья, я не сомневался, что на фоне недостаточной сердечной деятельности, злоупотребления алкоголем и седативными препаратами начнут развиваться изменения со стороны мозга, а в связи с резким ослаблением организма, иммунной системы возникнет угроза тяжелых инфекционных процессов типа пневмоний, сепсиса или тромбоэмболии. После операции меня никогда больше не приглашали на консультацию к Ельцину. Вскоре перестали приглашать и оперировавшего его Акчурина. Были отстранены его лечащие врачи, длительное время его наблюдавшие. Ну, понятно, что не пускали меня, откровенно и честно сказавшего в очередной раз родственникам всю правду о состоянии здоровья Б. Ельцина, характере болезни и прогнозе на ближайшее будущее. Я настоял перед операцией, чтобы в истории болезни в диагнозе было указано, что имеется поражение сердца, связанное со злоупотреблением алкоголем. Кому это понравится? Так что в отношении моей персоны было все ясно. Но почему отвергли Акчурина, лечащего врача Григорьева, понять было невозможно.

Ситуация с Б. Ельциным развивалась по сценарию, который я предвидел. Как мне рассказывали, в конце 1998 — начале 1999 года у него стали возникать срывы, связанные с особенностями нервно-психического статуса. На первых порах врачам, к счастью, удавалось довольно быстро купировать подобные состояния. «Гриппы», о которых начала сообщать пресс-служба президента, стали протекать тяжелее и продолжительнее. И это несмотря на то, что Ельцин наконец-то стал соблюдать режим и рекомендации врачей. Но было уже поздно.

Счастье для России, что в то время не происходило событий, которые потребовали бы срочного вмешательства президента. Такой роковой страницы в истории России еще не было. Разве мог вывести страну из кризиса и тупика больной, теряющий возможность аналитического мышления президент? Когда его пресс-секретарь Д. Якушкин, сотрудники аппарата, первый заместитель главы администрации И. Шабдурасулов, глядя честными глазами, рьяно убеждали миллионы телезрителей, что Б. Ельцин здоров и лишь немного недомогает или «гриппует», все это вызывало у меня возмущение обманом народа, и в то же время я испытывал жалость к тем, кто то ли по принуждению, то ли корыстно трансформировал этот обман в официальные заявления. Лучше бы промолчать, как это делалось раньше. Все видели, что представляет собой Б. Ельцин не только по его состоянию, но и по сумбурным решениям и высказываниям. Хорошо еще, что благодаря помощи Ельцину сотрудников кардиоцентра в этой экстремальной ситуации не подвело сердце.

В который раз передо мной вставал вопрос о правомочности соблюдения принципов врачебной этики в связи с состоянием здоровья главы государства. Как хотелось сказать во всеуслышание: возьмите хотя бы историю болезни и посмотрите ее — и даже далекому от медицины человеку все станет ясно. Но можно ли мне в конце жизненного и профессионального пути изменять своим принципам? Да и все ли правильно поймут раскрытие истины? Однако обман и молчание окружения Ельцина, врачей, всех тех, кто знал истинное положение дел перед вторым туром президентских выборов (а таких было немало), — гораздо большее моральное преступление, чем обнародование данных о болезни Б. Ельцина. После этого страну хотя бы не трясло от политических конфронтации и разного рода кризисов. История ничему не научила ни народ, ни его избранников, ни политическую элиту...

ВМЕСТО ПОСЛЕСЛОВИЯ

Прочитав книгу, кто-то, может быть, скажет, что от нее веет тоской по прошлому. Да, я, как и многие из моего поколения, тоскую по прошлому, потому что оно — моя жизнь, моя молодость с радостями и горестями, успехами и разочарованиями. Тоскую по романтике той, другой нашей жизни, по патриотизму, искренней дружбе, доброте, даже по той вере в светлое будущее, которую нам внушали.

Нельзя перечеркивать все то хорошее, что было сделано для страны, для ее народа. Прошлое может отомстить, если мы не разберемся в нем и не отделим хорошее от плохого. Конечно, как и большинство, я не хочу возврата к тому, чтобы человек был лишь одним из винтиков в большой государственной машине и его судьба, судьба близких зависели от партийного функционера, нередко бездарного, недалекого, жившего и работавшего по инструкции или согласно установившейся догме.

Хочу настоящей свободы — той, о которой говорил Вольтер: «Свобода состоит в том, чтобы зависеть только от законов». Хочу демократии, но не псевдодемократии, которую нам навязывают власть предержащие, финансовые и криминальные воротилы, а той, о которой сказал еще А. Линкольн: «Демократия — это когда люди управляют людьми во благо людей».

Но почему путь к этим новым принципам жизни, новому обществу должен лежать через страдания народа, коррупцию, развал науки, культуры, здравоохранения? Как дошла ты до жизни такой, великая Россия? Неужели не было другого пути? Или судьбой нам определены были М. С. Горбачев и Б. Н. Ельцин, приведшие нас к тому, чем мы стали?

Факты этой книги — еще одно предупреждение потомкам, нашим детям и внукам. Они — предупреждение будущим политикам. Я попытался проследить ту цепь роковых событий, которые привели к гибели великой державы — СССР и кризису России. Она началась с затянувшегося правления Л.И. Брежнева, смерти Ю.В. Андропова и продолжилась ошибками М. Горбачева, его борьбой за власть с Б. Ельциным, объявлением суверенитета России, подписанием Беловежских соглашений, реформами 1992 года, расстрелом Белого дома, первой чеченской войной и закончилась повторным избранием больного Б. Ельцина на второй срок со всеми вытекающими последствиями.

Не хочется заканчивать на грустной ноте. Позволю себе в заключение опять обратиться к А. С. Пушкину с его верой в будущее России:

> Сильна ли Русь? Война и мор,
> И бунт, и внешних бурь напор
> Ее, беснуясь, потрясали.
> Смотрите ж! Все стоит она!

Уверен, что она не только выстоит, но и вновь обретет былое величие.

СОДЕРЖАНИЕ

Массово-политическое издание

ПОЛИТИЧЕСКИЙ БЕСТСЕЛЛЕР

Чазов Евгений Иванович

КАК УХОДИЛИ ВОЖДИ

Записки главного врача Кремля

Редактор *О. Селин*
Художественный редактор *А. Новиков*
Компьютерная верстка *А. Кувшинников*
Корректор *В. Авдеева*

ООО «Алгоритм-Издат»
Оптовая торговля:
ТД «Алгоритм» 617-0825, 617-0952
Сайт: http://www.algoritm-izdat.ru
Электронная почта: algoritm-izdat@mail.ru
Интернет-магазин: http://www.politkniga.ru

ООО «Издательство «Эксмо»
127299, Москва, ул. Клары Цеткин, д. 18/5. Тел. 411-68-86, 956-39-21.
Home page: **www.eksmo.ru**   E-mail: **info@eksmo.ru**

Оптовая торговля книгами «Эксмо»:
ООО «ТД «Эксмо». 142702, Московская обл., Ленинский р-н, г. Видное,
Белокаменное ш., д. 1, многоканальный тел. 411-50-74.
E-mail: **reception@eksmo-sale.ru**

Подписано в печать 16.12.2011. Формат 84x108 $^1/_{32}$.
Печать офсетная. Усл. печ. л. 12,6.
Тираж 3100 экз. Заказ 7543.

Отпечатано в ОАО «Можайский полиграфический комбинат».
143200, г. Можайск, ул. Мира, 93.
www.oaompk.ru, www.oaompk.рф тел.: (495) 745-84-28, (49638) 20-685

ISBN 978-5-699-54347-2